寫給高中職學生的第一本書

林進材 林香河◎著

這些故事你會怎麼想（代序）

一、高中學生篇

1. 因無意中看到母親工作憔悴的背影，而決定積極努力學測成績進步20級分。
2. 國中努力考上第一志願的學生，日後成為知名律師。

二、高職學生篇

1. 郭台銘、鄭弘儀、周杰倫等名人，當年都是念職業學校畢業。
2. 一個國中基測低於100分的學生，從職業學校技能課程裡取得國立科技大學的入學許可證。

三、高中教師篇

1. 當年因為爬圍牆而被記過的學生，多年後成為著名高中的校長。
2. 當年被老師救助的未婚懷孕少女，如今成為著名的婦產科醫生。

四、高職教師篇

1. 給職校學生一個希望，技工變企業家。
2. 從高職修電腦課程中習得專業技能的學生，現年薪百萬並成為大老闆倚重的副手。

五、家長篇

1. 高中學生學到的能力讀書多於技能，高職學生學到的能力技能多於讀書。
2. 依據一項統計台灣的企業界名人，當年大部分是職業學校畢業居多。

　　看完上面這些故事之後，你有什麼不一樣的點子。把本書帶回家和家人分享，或是送給正處於高中職的孩子（學生），給他們一個不一樣的想法、不一樣的方法、不一樣的策略、不一樣的禮物。

林進材、林香河

於2009年5月20日

目 次

學習策略篇　027

考試生活篇　037

高分要領篇　046

升學就業篇　054

證照實力篇 061

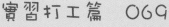

實習打工篇 069

假日生活篇 076

記行事曆篇 084

甜蜜愛情篇　124

失戀分手篇　128

亞當夏娃篇　133

升學專篇　138

校園生活篇

　　高職校園生活和過去
國中與國小生活有很大的不
同。過去學校生活以升學為
主要的考量，學科成績為主
要的學習目標，有些人感到
學習挫折，有些人在分數成
就上有很大的成就感，一旦進入高職校園後，學科成績
與術科成績開始相同重要，而學習領域也有不同的新方
向。

　　進入高職就學與進入高中讀書是一樣的成就，最
大的分水嶺在於開始學習實際生活的技能，並且手腦並

用。不再像過去的學生生活，只追求於學科成績，現在，更重要是培養出社會自立更生的能力。

有計劃、系統性的安排自己的高職生活，起跑點可能比起一般高中生更快更成功，如何讓自己有效的運用學校資源與自己興趣結合，充分發揮自己的潛能，就看自己決心與毅力如何發揮。

培養人生新天地

三年後想讓自己
成為精英，現在就要苦練
十八般武藝

每個人都相同的地方

都進入了學校生活。

一樣擁有年輕歲月。

一樣可以有遠大理想。

學校生活是爸爸媽媽最放心的地方。

學校生活是充滿自我理想與希望的天堂。

練就十八般武功的天龍八步

1. 每天從課堂上偷學一點功夫。

2. 記住老師教的每一項武功。

3. 為自己的武功編寫武林秘笈。

4. 改變自己的氣質、想法、觀念和不好的行為。

5. 記住自己的偶像也都曾上過學校。

6. 學校教育可以讓你化羽成蝶，也可以胎死腹中。

7. 你想得到的好處，你都可以在學校占盡便宜，唯一就是要靠自己努力。

8. 夢想的發芽，就是現在。

輕鬆愉快進校園

辛苦　　快樂

年輕練苦功，
年長就輕鬆

輕鬆進校園的法寶

- ☑ 每天有備而來。
- ☑ 觀察老師的行為。
- ☑ 記住同學的優點。
- ☑ 晚上睡前一定把明天所有功課整理好，放在固定的地方。
- ☑ 與我的記事本成為好朋友，隨身帶，隨時記，隨時寫。

保持愉快學習的密招

要記起來喔！

1. 多和態度積極的朋友在一起。
2. 多和幽默風趣的同學相處。
3. 記下笑話和大家分享。
4. 不要跟學校行事曆作對。
5. 學校的功課要提早完成。

欣賞他人與成就自己的方法

不落井下石的朋友是好人，可以分享他人成就的是天使。

從別人錯誤中學習的方法

- 別人犯錯不代表你可以犯錯。
- 別人的錯你要看在眼底，放在心底，告訴自己不可以犯相同的錯。
- 看看別人想想自己，從他人優點中學習。
- 和朋友犯一樣的錯，就是退步的現象。
- 將他人的過錯列表下來，作為生活中的借鏡。

從別人的成就中學習的方法

1. 班上的優等生，一定有與眾不同的方法，這些方法要學習。
2. 別人的成功經驗，要想辦法成為自己的經驗。
3. 人緣好、成績高、表現佳的同學，我要學習他們的方法。
4. 當別人成功時，我要將他們的經驗記下來。
5. 當我對別人的表現不齒時，一定要提醒自己別犯相同錯誤。

讓校園生活多采多姿

學校生活

← 成功

失敗 →

成功的人找原因，失敗的人找藉口。

學校生活
多采多姿
的原因

- 這兒離社會越來越近。
- 這兒有未來工作藍圖。
- 這兒有事業成功要領。
- 這兒有未來工作機會。
- 這兒有生命酸甜苦辣。

如果想要有快樂的學校生活，就要改變自己的壞習慣。

如果想要有別人的成功經驗，就要培養自己的好習慣。

快樂從 改變 做起

如果想要擁有高超生活品質，就要提升自己的高效率。

如果想要讓自己有成功榮耀，就須要求自己的好表現。

如果想要讓家人有尊嚴面子，就要鍛鍊自己的好耐力。

不要故意挑戰學校禁忌

溫馨的叮嚀

觸犯學校的禁忌並非英雄好漢的行為，因為別人會打從心理看不起自己。

學校的禁忌有哪些

- 避免觸犯學校校規。
- 避免觸犯學校未成文規定。
- 不要作損己不利人的事。
- 不要作損人不利己的事。
- 在學校被記過的行為，都是屬於禁忌的一種。

遠離學校禁忌的法寶

1. 用同學成功經驗的標準要求自己，就不會觸犯禁忌。

2. 學校的禁忌要納入自己的生活準則。

3. 不想被記缺點、記過，最好的方法就是遠離是非。

4. 如果有同學向自己挑釁或嗆聲，不要失去判斷力。

5. 和自己的未來過意不去，就是故意挑戰學校的禁忌。

讓校園生活成為樂趣

學校的生活樂趣是要自己創造的。

START

學校生活樂趣多

- 每天都有新鮮的事情在校園中發生。
- 當自己表現不好時，不會有人指責自己，因為這是要自己承擔的。
- 在學校可以觀察每個人的行為，因為他們是社會的翻版。
- 每次考試時大家的心情都一樣，但考試後大家心情都不一樣。
- 學校雖然有很多同學，但瞭解自己的除了導師外只有少數好友。

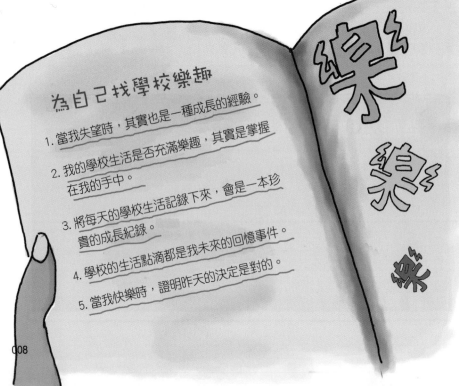

為自己找學校樂趣

1. 當我失望時，其實也是一種成長的經驗。

2. 我的學校生活是否充滿樂趣，其實是掌握在我的手中。

3. 將每天的學校生活記錄下來，會是一本珍貴的成長紀錄。

4. 學校的生活點滴都是我未來的回憶事件。

5. 當我快樂時，證明昨天的決定是對的。

樂 樂 樂

他們都是在這裡長大的

我的生活法寶都是在學校教育中學會的。

不一樣的學校生活

學校記事簿

1. 學校生活是未來生活的保障。

2. 每個企業家都經過高中（職）學校生活。

3. 再有名的人沒經過高中（職）生活，都會有遺憾。

4. 今日高中（職）學校生活，明日的高品質生活。

5. 學習階段中最想開的是高中（職）同學會。

多表現讓家人和自己開心的行為。

如果想要成為街頭難民，不必到學校來。

讓自己的學校生活充滿樂趣，避免讓學校生活成為挫折失敗的溫床。

不要讓他人看不起自己，更重要的不要連自己都看不起自己。

在指責和稱讚的選擇中，想一想哪一種感覺最好。

學習生活篇

　　高中職課程是多采多姿，充滿創意的學習。為了能充分學習學校的課程，運用有效的學習策略與方法是必要的。在下列幾篇文章中，將為你提供學習生活的要領與方法，這些都是國內相當優秀的人才，在求學過程中所運用的錦囊妙計，希望能對現在高職求學的你有所幫助。

　　時間的安排與掌控是十分重要的，因此在「時間密碼」中，你可以充分瞭解如何運用一天24小時；「高分方法」是使你如何在學科與術科中得到最優結果；「無限成就有限時間」是提醒你如何創造時間與成就的最大

成果。

　利用「高材生的五不與五要」作為學習方針，在你出錯時拉你一把；「天生我材必有用」是希望你不要否定自己；最後「在麥當勞與五星級飯店的日子」是要你相信自己，你一定能達到你自己的目標。

看看他們是怎麼做到的，你也可以和他們一樣喔！

時間密碼

24小時所代表的意義

上帝給全世界最公平的一件事,就是每一個人一天都有24小時。

上帝、總統、周杰倫、林志玲都和我們一樣,一天擁有24小時。

24小時在數字的意義

24小時從數學的時間單位分析,總共有1440分鐘,86400秒。聰明的你如果想要擁有和一般高中職生不一樣的24小時,就必須要從一年365天的角度,看一天24小時對你自己的意義。換句話說,你在高中職階段的各種計畫,應該以一學期或是一年作單位,進行規劃會比較理想。

有效運用24小時的秘密

1. 睡覺時間不可以少,每天的睡覺時間要固定。
2. 在學校上課時要專心聽、作筆記、劃重點、反覆練習。
3. 上課時間可以用來準備各科考試,必要時可以錄音下來反覆聽。
4. 寫作業可以利用零碎時間,各科的作業可以在教師講解時順便完成。
5. 洗澡、洗衣服、整理房間工作可以同時進行。
6. 養成良好的習慣就不必花太多時間在處理雜事上。
7. 將每天、每週、每個月需要處理的私事,以行事曆的方式記下來。
8. 用便利貼提醒自己每天必須作的雜事。

高分方法

考高分的快感不僅僅是一時快感，也代表未來生活的永久快感。

有系統的讀書方法

1. 將自己的一學期讀書計畫列出來。
2. 學校的各科作業要提前完成。
3. 每一節上完課之後，就將重點記錄下來。
4. 將每一科的讀書時間計畫好並且嚴格執行。
5. 考試前保持良好的生理狀態。

運用高分的要領

1. 將教師的重點寫在筆記本上。
2. 將重點多抄寫幾遍。
3. 自己不瞭解的概念要和生活事件結合起來。
4. 考試前要有充分的準備。 冷靜
5. 拿到考卷要先寫會的再寫比較難的。

掌握考試的要領

1. 和教師溝通考試的類型（如選擇題、填充題、問答或其他形式）。
2. 一定要抱佛腳的話，記得先將考古題讀熟。
3. 考前抱佛腳的結果通常都是讓人失望的。
4. 如果是選擇題的話，通常會有平衡原則。答案ABCD（或1234）各占1/4的比率。

無限成就有限時間

> 時間對每一個人都一樣無情，
> 對每一個人都一樣友善。

掌握零碎時間的概念運用

- 每天養成讀書的習慣。
- 養成將學校學科重點記下來的習慣。
- 買一本自己最喜愛的學習生活札記，並且將重要事件記下來。
- 每天聽或看30分鐘的英文節目（或報紙）。
- 每天讀一篇好的小品文，作為激勵自己之用。

有效運用時間的要領

1. 作任何事前要先想清楚再行動。
2. 練習讓自己可以在吵雜的環境中安靜的能力。
3. 規劃每一天固定的讀書時間。
4. 讀書前先將自己心中的雜念去除。
5. 將每一本教科書的重點劃出來。

高手出招

高手心中只有
成功沒有失敗。

輕鬆讀書要領

1. 養成讀書的習慣。
2. 養成上課劃重點的習慣。
3. 同一科目筆記記在同一本上面。
4. 用有色筆將重點標示出來。
5. 將重點寫成隨身攜帶卡。

輕鬆玩的要領

1. 每天給自己固定的休閒時間。
2. 每天到社區的籃球場投進五十個球。
3. 讀書的時候全神貫注，玩得時候全力以赴。
4. 為自己擬定一個成功後玩的計畫。
5. 在每天的時間規劃中，將休閒時間另外標示出來。

拿高分的要領

1. 考試前有充分的準備。

2. 掌握考試的範圍和重點。

3. 沒有更好的讀書方法，就將重點抄寫一遍。

4. 想一想如果你是老師會出哪些題目。

5. 心中不想讀的概念，就要更熟讀。

高材生的五不與五要

成功 ← | → 失敗

高材生和比爾‧蓋茲、郭台銘一樣，
都需要靠後天的努力。

高材生的學習五要

1. 上課要專心聽講。
2. 讀書要作好筆記。
3. 聽課要畫上重點。
4. 學習要掌握效率。
5. 考試要把握重點。

高材生的學習五不

1. 不養成懶惰習慣。
2. 不隨意作賤自己。
3. 不過度依賴別人。
4. 不任意批評別人。
5. 不隨便傷害親人。

天生我材必有用

在適當的時機作對的事，才能成為人上人。

不想吃苦的方法

1. 不要作事倍功半的事。
2. 養成今日事今日畢的習慣。
3. 每一個生活問題，想三個解決的方法，並且將最好的方法記下來。
4. 當同學解決問題時，記得把他們的經驗記下來。
5. 記住自己曾經犯下的錯誤，並且把最好的方法寫下來。
6. 不瞭解怎樣解決問題時，記得不可以衝動，問問下來。

有經驗的長輩，再採取行動。

成為人上人的方法

隨時提醒自己隨時隨地都要冷靜。

在發表意見前，先想一想再說。

想想看成功的人是如何辦到的？把他們的方法記下來。

在成長中找一個成功的對象學習。

別人不做的苦差事，可以用來磨練自己。

在麥當勞與五星級飯店的日子

享受和節省往往是不衝突的。

你可以運用的社會資源

- 在離家最近的圖書館讀書，不但可以專心讀書，又可以享受冷氣空調。
- 要善用麥當勞或肯德基等速食店，因為他們都有提供24小時不打烊的服務。
- 如果家中附近有大學，那麼大學的圖書館或教室是最好讀書的地方。
- 如果住在文化中心附近，它也是一個讀書環境相當好的地方。
- 誠品書局是一個讀書環境相當好的地方。

在五星級飯店的日子

1. 大型百貨公司通常都設有看書的地方，是夏天避暑和讀書的好地方。
2. 如果家人有假日度假的計畫，你可以將自己的讀書計畫和度假計畫結合。
3. 五星級飯店的設備，是最好讀書的地方。
4. K書中心的完善設備可以考慮作為讀書的場所。
5. 設備齊全的圖書館，讀書效果如同五星級飯店。

泡圖書館與享受的日子裡

將圖書館當作自己的書房，其中的樂趣是相當多的。

圖書館可以提供的服務

- 有提供免費的冷氣。
- 每天提供國內外新聞報紙讓你查閱。
- 公用電腦可以讓你隨時上網查資料。
- 如果需要查閱書籍，書架上的書你可以隨時翻閱。
- 提供各種基本的生活設備：如盥洗室、開飲機、影印機、廢紙等。

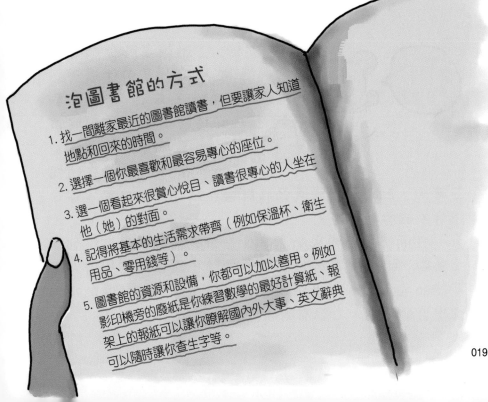

泡圖書館的方式

1. 找一間離家最近的圖書館讀書，但要讓家人知道地點和回來的時間。
2. 選擇一個你最喜歡和最容易專心的座位。
3. 選一個看起來很賞心悅目、讀書很專心的人坐在他（她）的對面。
4. 記得將基本的生活需求帶齊（例如保溫杯、衛生用品、零用錢等）。
5. 圖書館的資源和設備，你都可以加以善用。例如影印機旁的廢紙是你練習數學的最好計算紙、報架上的報紙可以讓你瞭解國內外大事、英文辭典可以隨時讓你查生字等。

學科學習篇

誰說高職生的學科成績就比高中生還差，誰說三年內不能拿到好技能同時又拿到好成績。高職生最讓人滿意的就是他們可以在短短三年內，就培養出優秀的技能與不凡的學科成績，這是很令人驕傲的地方。

然而，這些優秀的高職生是怎麼辦到的？在下列的文章中，將打開高效能的學習妙計，讓這些在學習方面不錯的名人，提供他們的學習方法，讓你能快速的找到你學習的弱點，立刻有脫胎換骨的成績。

胡言亂語學英文

哇~
好厲害
的人！

學習英文的要領在於多聽、多講、多寫、多記、多掰。

英文的學習要領

- 由簡單到複雜、由具體到抽象、由近而遠、由主動到被動、由現代到過去。

- 英文的學習要領在於不怕胡言亂語。

- 將26個英文單字讀熟，並且瞭解他們的自然發音法。

- 看國外影集時將節目中的對話再講一遍。

- 英文單字要隨時多讀幾遍，並且利用零碎時間將英文單字記起來。

遠離菜英文

1. 將家裡的物品英文名字標記上，並且隨時閱讀。
2. 將高職階段需要運用的單字，做成單字卡隨身攜帶。
3. 參考書中的各種練習題要隨時做做看。
4. 如果時間允許的話，每天看20分鐘的CNN新聞報導或英文新聞報導。
5. 讀、寫、聽、說、講、想、看一起來。
6. 練習講英語要不怕胡言亂語、不怕被笑的勇氣。

談情說愛學中文

讀國文可以像寫情書，讓自己的文學涵養越來越好。

中文的學習要領

- 每天寫日記時，將今天的學校生活事件簡要寫下來。
- 每天練習寫一封情書給自己仰慕的人。
- 養成看世界文學名著的習慣。
- 不容易記起來的成語，要記得多寫幾遍，並且找機會練習。
- 中文可以望文生義，英文無法望文生義。

高職時代的情書可以將國文內容運用上，讓對方瞭解自己的努力情形。

可以利用自己的零用錢買幾本情書模擬練習。

寫情書式的 學習

養成閱讀報紙的習慣，尤其是報紙中的社論。

想想看怎樣將優美的詞句運用在生活中。

參考書中的練習題，一定要記得隨著教師的進度做練習。

日劇女王學日文

如果英文不好，要學好法文；如果法文不好，要學好德文；如果德文不好，要學好日文。

學好日文的要領

- 蒐集日本的各種產品，例如學用品、生活用品、筆記本、服飾等。
- 買一本小學生用的學日文手冊，並加以熟讀。
- 唱日文歌是快速學好日文的方法。
- 買一本中日對照的參考書，並且找時間慢慢讀。
- 將家中的生活用品標示上日文。

學好日文的好處

1. 全台灣懂日文的人比懂英文的少很多。
2. 學好日文比一般人有更多選擇的機會。
3. 學日文可以讓自己在找工作時多一種機會。
4. 同時懂中文和日文的人，未來的工作待遇比較高。
5. 會日文的人在台灣找工作比較吃香。

斤斤計較學數學

溫馨的叮嚀

如果想要數學成績高，就必須每天玩弄數字。

數學的學習要領

- 上課時專心聽講，並且瞭解數字本身所代表的意義。
- 聽清楚數學的各種公式是怎麼來的。
- 將數學的各種公式抄寫幾遍，並且多加運用。
- 課本中的練習題一定要反覆練習。
- 數學公式要整理好，並且在公式旁邊標記上數字。

斤斤計較學數學

1. 數學課本的內容一定要反覆練習。
2. 每一種數學概念要練習三遍以上。
3. 學習數學要從最容易的開始，讓自己有學數學的成就感。
4. 數學高分的要領在於反覆練習，不同數字的練習。
5. 每天給自己30分鐘的時間做數學練習題。
6. 數學的習題要在每天最清醒的時間做練習。

活學活用學電腦

說英文、會電腦、
寫履歷是現代人的
三大基本能力

會電腦的好處

1. 可以隨時上網打發時間。
2. 可以隨時查閱資料。
3. 可以隨時寄各種資料給親朋好友。
4. 可以運用「即時通」和好友家人閒
   聊。
5. 可以交不同國家、不同領域的好朋
   友。
6. 可以擴展自己的視野。

學好電腦的要領

1. 運用現學現賣的原則。
2. 先學好電腦的基本動作。
3. 將自己的各種生活心得用打字的
   方式儲存下來。
4. 練習寫一封信給自己的知心好
   友。
5. 買一本最淺顯的電腦工具書。

要死要活練體能

> 體能是一切的根本，沒有它連追異性的本錢都沒有。

練好體能的好處
- 如果有一天要以體能比較高低，就不會成為失敗者。
- 「看得到、吃不到；想得到、用不到」的痛苦你一定會嚐到。
- 任何人都不想被冠上「外強中乾」的標籤。
- 好體能是好成績的保證，好體能是好薪水的指標，好體能是好婚姻的保障。

要死要活練體能
- 養成走路快速的習慣。
- 在人生的各個等待時間裡，鍛鍊身體各部分的耐力。
- 多用腳、少用車；多用手、少用腦；多用力、少用油。
- 養成每天運動的好習慣。
- 隨時瞭解自己的體能並保持良好的體能。

學習策略篇

　　學習策略是激勵你在學習中不要誤入歧途的方法。

　　善用「上台領獎的終極目標」利用明確的目標達到你學習的成就感;「努力才是天賦」是記住天賦沒有努力就不叫作天賦;「精算讀書報酬」是希望你全面性的取得好的成果;「好朋友帶你上天堂壞朋友帶你入牢房」是幫助你認清誰是敵人誰才是朋友;「從羨慕別人到令人忌妒」是告訴自己,只要願意學習,改善學習方法,你不必永遠羨慕別人;「隨手可得的進步」是從每天一點一點的進步累積到全

面性的進步;「向明星學習」是他們是因為你心目標的偶像,你看得到他們的成功,向他們看齊,你也可以和他們一樣。

上台領獎的終極目標

上台領獎的終極目標，是讓自己的未來有更好的生活品質。

讓自己上台領獎的要領

- 先瞭解上台領獎必須具備哪些條件。
- 想一想自己離這些條件有多遠。
- 為自己定一個上台領獎的計畫。
- 試著為自己擬一個上台領獎的計畫。
- 努力讓自己有上台領獎的機會。

上台領獎的努力訣竅

- 將自己的努力標準和策略寫下來。
- 將領獎的標準和自己的學習做比較。
- 擬定一個上台領獎的標準和達到的策略。
- 隨時督促自己要努力達到領獎的標準。
- 將自己的領獎計畫貼在書房最明顯的地方。

努力才是天賦

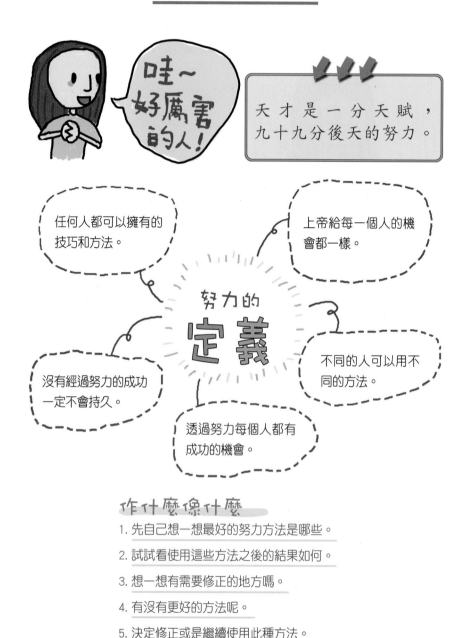

哇～好厲害的人！

天才是一分天賦，九十九分後天的努力。

努力的定義

任何人都可以擁有的技巧和方法。

上帝給每一個人的機會都一樣。

沒有經過努力的成功一定不會持久。

不同的人可以用不同的方法。

透過努力每個人都有成功的機會。

作什麼像什麼

1. 先自己想一想最好的努力方法是哪些。

2. 試試看使用這些方法之後的結果如何。

3. 想一想有需要修正的地方嗎。

4. 有沒有更好的方法呢。

5. 決定修正或是繼續使用此種方法。

精算讀書報酬

讀書是天底下最無趣的事，但是卻是報酬最高的投資。

讀書和不讀書的差別

1. 如果不讀書就會和滿江紅為伍，反之，就會是天天天藍。

2. 如果不讀書就需要與勞力為伍，反之，就會是天天如意。

3. 如果不讀書就會與壞榜樣為伍，反之，就會是良好榜樣。

4. 如果不讀書會與生活困苦為伍，反之，就會是高枕無憂。

5. 如果不讀書就會流浪街頭為伍，反之，就會是生活無慮。

讀書報酬率高

1. 讀書不像學音樂需要很高的學費。

2. 讀書不像學美容美髮需要長時間的學徒生涯。

3. 讀書不像修汽車需要耐心和過人的體能。

4. 讀書不像當廚師需要長時間的觀察。

5. 讀書不像作雜役需要體能和耐力。

好朋友帶你上天堂壞朋友帶你入牢房

> 學習方法有優劣的的分別，
> 朋友也要好壞的差異。

好朋友的特徵

- 經常提醒你要好好讀書的朋友。
- 當你成功時會嘉許你，當你失敗時會勉勵你。
- 常常將讀書掛在嘴上的朋友。
- 當你放縱自己時會提醒你的朋友。
- 常常不經意指責你的朋友。

壞朋友的特徵

- 經常告訴你沒關係的朋友。
- 當你失敗時告訴你要好好放鬆的朋友。
- 當你考前沒準備時，會拍胸脯告訴你「沒關係讓我來」
  的朋友。
- 不會將你的缺點告訴你的朋友。
- 你在他身上感到失落感的朋友。

從羨慕別人到令人忌妒

改變從此刻開始，成長從自己做起。

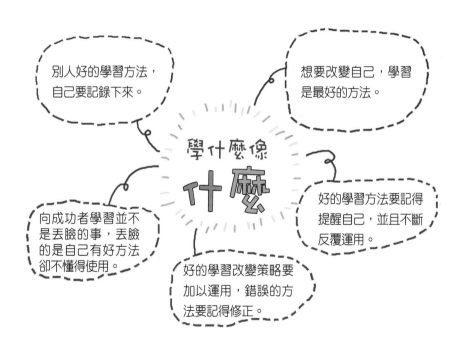

別人好的學習方法，自己要記錄下來。

想要改變自己，學習是最好的方法。

學什麼像

什麼

好的學習方法要記得提醒自己，並且不斷反覆運用。

向成功者學習並不是丟臉的事，丟臉的是自己有好方法卻不懂得使用。

好的學習改變策略要加以運用，錯誤的方法要記得修正。

隨手可得的進步

 滴水可以穿頑石，恆心可以成大事。

學習的
私家菜

- 每天記5個英文單字，一年可以記1825個單字，十年可以記18250個單字。
- 每天寫1000個字的文章，一個月可以寫30000字的文章，一年可以寫360000字的文章，等於二本學術專書的量。
- 一本英文字典要用10年的時間才能寫完，但你一年就可以讀完。
- 一本古文觀止要用1000年才能完成，但你一年就可以抄完。
- 養成寫的習慣，有時候它比不斷讀書的效果還好。

自己好的學習方法要繼續保持。

學來的好方法要和自己的方法比較。

學什麼會
什麼

如果想不出好方法就先用舊的方法。

正確的方法和好的方法都需要自己反覆練習。

學習用事情分析方法的優劣。

向明星學習

成為明星的人，一定有自己不為人知的苦練歌。

明星的奮鬥歷程

1. 天王周杰倫為了一首歌曾苦練一個月。
2. 台語歌后江蕙為了一首歌的一個轉調不對，午夜二點要求進錄音室重錄。
3. 天后蔡依林為了新專輯的推出，跳舞到筋骨拉傷要休息二個月以上。
4. 職棒明星王建民為了成就自己的夢想，在訓練中心苦練幾年的時間。
5. 學力測驗考滿分的高同學為了一圓自己的夢想，放棄多年的小提琴生涯。

面對自己面對學習

1. 想一想上面的例子哪些是你作得到的。
2. 找一個自己最欣賞的明星學習他們的努力。
3. 將他們的努力方法或策略記下來。
4. 說服自己將這些方法成為學習的主要策略。
5. 為自己擬定一個明星的計畫。

在考試傷心後

如果考試成績讓你難過，提醒自己不要有第二次的難過。

在考試之後

- 考試成績如果不好，要先想想自己努力了嗎？
- 考試成績如果退步，要先想想準備方法正確嗎？
- 考試成績如果不如預期，要先想想自己的準備時間夠嗎？
- 考試成績如果家人不滿意，要先想想自己的標準和他們的標準一樣嗎？
- 考試成績不如教師期望，要先想想自己和老師之間的差異何在？

努力應在傷心後

- 用傷心的時間檢討自己應該改進的地方。
- 避免再一次傷心的最好策略就是改善方法。
- 難過應該是再一次努力的前兆。
- 不要讓自己的難過心情，遠遠超過該努力的決定。
- 經常難過的人，一定在生命中缺乏努力。

036

考試生活篇

　　高職生活最大的不同在於，學校的方針是以培養入社會的能力而非升學為主的能力，因此很多同學很快就忘記了過去國中時考試的壓力和準備的能力，以至於第一學習成績是過去國中的實力，第二學期的成績則是在退學邊緣的壓力。

　　這一篇是希望同學知道過去的國中三年的學科努力，只要三個月你就會把它全部忘記。因此，唯有認清自己，在平時就好好的準備，才不會連臨時抱佛腳的能力都忘記。

血流成河到天天天藍

都不尊己了，會的臉更你自己臉更你如果不別在嚴。果要人意。

有系統的讀書

- 如果不努力，血流成河是正常的現象。
- 如果自己很努力，血流成河是可以原諒的。
- 家人和教師都希望學生可以有天天天藍的表現。
- 該努力而不努力是一件可恥的事。
- 考試是可以提早準備的，儘量減少各種影響考試的活動。

天天天藍的秘訣

- 當自己成功時，想一想他人羨慕的眼光。
- 想一想自己喜歡被稱讚或是喝倒彩。
- 成功是需要不斷努力的。
- 讓自己的努力成為明天成長的動力。
- 將自己的努力成功放在家裡最明顯的地方。

是期待還是受傷害的考試

面對考試總是暨期待又怕
被傷害。

學生害怕考試的原因

1. 考試對每個人都是無情的。
2. 考試分數的高低代表平日的努力情形。
3. 考試成績是最無情的告密者。
4. 考試成績影響自己的面子問題。
5. 考試成績影響未來的生涯規劃。

面對考試的妙招

1. 與其害怕不如深入瞭解考試。
2. 避免因為過多外務影響考試。
3. 用考試成績鼓勵自己要努力。
4. 將每次考試成績做成統計表。
5. 用信心與努力和考試作宣戰。

分數是你人生三分之一

分數的意義

1. 考試分數高的人擁有更多優先權。

2. 考試分數高的人擁有更多選擇權。

3. 考試分數高的人擁有更多享受權。

4. 考試分數高的人擁有更多機會權。

5. 考試分數高的人擁有更多決定權。

分數是你生命之一，但卻影響生活品質。考試只是三分之一。

考試準備的數字意義

1. 一學期有三次考試，平均每6週考一次。

2. 全校如果有1000名學生，考100名代表自己贏過900人。

3. 學期成績是平時努力的結果。

4. 瞭解準備考試的時間意義，對考試是相當重要的關鍵。

5. 隨時提醒自己有多少時間做多少事的道理。

考試私房菜

與其害怕不如面對，與其恐懼不如瞭解。

START

成績是一個無情的好友

- 它告訴大家自己上課情形。
- 它透露自己平實的懶惰指數。
- 它公開自己學習方法錯誤的消息。
- 它讓自己的臉面無光。
- 它透露自己未來擁有多少希望。

與考試共舞的方法

1. 有正確的努力就有好的成績。
2. 用對的方法學習就會有好結果。
3. 充分的準備、積極的應付、輕鬆的得分。
4. 學學考試高手的密招。
5. 將自己的好成績公布在顯目的地方。

樂

樂

樂

離天亮還有一段很長的時間

時間很久也可無可情，
以友善。

運用時間的秘訣

與時間賽跑的方法

1. 任何事情提早三天完成，就不會計較時間長短。

2. 提早完成的效果好，趕時間的效果差。

3. 隨時提醒自己有多少時間。

4. 隨身攜帶有時針、分針和秒針的手錶。

5. 瞭解自己完成一件事需要多少時間。

告訴自己時間不會等任何人。

在自己的行事曆上，將倒數的時間標上去（例如離段考還有幾天）。

將已經完成的事情標示出來。

容易做得事情要先做。

困難的事情要想一想再做。

每天睡到自然醒的日子遠了

睡飽才有力氣讀書。

睡眠不足的原因

- ☑ 該做事時不做事，不該做事時做事。
- ☑ 沒有戴手錶看時間的習慣。
- ☑ 不知道事情的輕重緩急。
- ☑ 過度沈迷一件事情（或遊戲）上。
- ☑ 做事不得要領，並且以為離天亮還有一段很長的時間。

睡到自然醒的秘訣

要記起來喔！

1. 養成每天晚上早點睡覺的習慣。
2. 不要有明天早一點起來讀書的想法，因為10次有9次失敗。
3. 考試成績好都是在頭腦清醒的狀況下。
4. 上課專心聽講、記筆記、劃重點，加上每天讀一點。
5. 養成隨到隨讀的習慣。

考試高分的五要五不

 哇~好厲害的人!

 考試高分掌握在自己手中,不是掌握在聽天由命。

考試高手的五要

- 上課要專心聽講。
- 筆記要用心撰寫。
- 考試要用對方法。
- 課本要劃對重點。
- 時間要明確掌握。

考試高手的五不

1. 不可以依賴運氣。
2. 不可以依靠別人。
3. 不可以過於隨便。
4. 不可以過度散漫。
5. 不可以放鬆自己。

在當眾被羞辱之後

溫馨的叮嚀

被羞辱不可怕，可怕的是自我羞辱。

哪些人不會被羞辱

- 準時繳交作業的人。
- 認真準備考試的人。
- 凡事積極努力的人。
- 勇於面對考試的人。
- 不斷檢討考試的人。

避免被羞辱的要領

1. 做好各種考試的準備。

2. 妥善計畫各學科考試。

3. 隨時檢討考試成敗原因。

4. 檢討自己被羞辱的原因。

5. 同樣的錯誤不要犯二次以上。

高分要領篇

好成績不會破壞你的好人緣，不要害怕拿高分，更不要看不起在學校的分數。郭台銘先生雖是海專畢業，但他的部屬可各個都是高材生，已過世的王永慶先生雖只有小學畢業，但是他的高階人材每個可都是博士。

小看分數就是小看自己，拿高分的人不是天生就是天才，拿低分的同學也並非天生就是笨蛋。重新定位你自己，學習成為天才。

在每一次苦讀之後

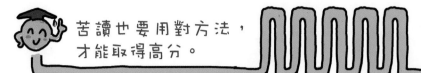

苦讀也要用對方法，
才能取得高分。

有效運用苦讀方法

- 在苦讀前要先掌握重點和關鍵。
- 用輕鬆的方式苦讀效果會比較好。
- 不同的苦讀用不同的學習方法。
- 不需要苦讀的學科避免用苦讀的方法。
- 讓自己的腦袋清晰比不斷苦讀好。

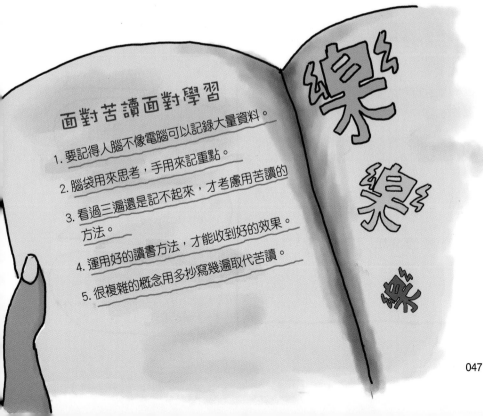

面對苦讀面對學習

1. 要記得人腦不像電腦可以記錄大量資料。

2. 腦袋用來思考，手用來記重點。

3. 看過三遍還是記不起來，才考慮用苦讀的方法。

4. 運用好的讀書方法，才能收到好的效果。

5. 很複雜的概念用多抄寫幾遍取代苦讀。

不要看不起分數

分數雖然不重要，對自己的人生影響很大。

用分數改變自己的人生

分數代表的意義

1. 經常考高分的同學，一定經常面對笑容。

2. 唯有考試成績不佳，才會經常面帶愁容。

3. 取得滿意考試分數，如同美麗的化妝師。

4. 如果經常對考試分數不滿意，再怎麼保養自己效果都不佳。

5. 讓分數告訴大家自己有多努力。

分數高可以改變自己的人生。

分數高可以提高自己的社經地位。

分數高是自尊的最佳代言人。

分數不僅代表努力的成果，也代表未來的希望。

自己如果已經盡力了，成績不好也要抬頭挺胸。

有效的讀書方法

考試成績和自己的努力有關，和緊張或輕鬆無關。

有效的讀書方法

1. 先讀會的，再讀不會的。
2. 先讀簡單的，再讀困難的。
3. 先讀有把握的，再讀沒有把握的。
4. 先讀一定會考的，再讀不一定會考的。
5. 先讀考古題的試卷，再讀未來可能出題的內容。

輕鬆讀書拿高分

1. 一樣的讀書時間，讀對重點的效果比較好。
2. 能夠掌握讀書重點的人，通常不必花太多的時間就可以有好效果。
3. 讀書花太多時間的人，通常效果都不好。
4. 想一想如果自己是老師的話，會考哪些內容和重點。
5. 練習讓自己一眼就看出重點的功力，比一天到晚當個書呆子的效果好。

天才的腦袋究竟裝什麼

腦袋中的秘密

1. 不要一天到晚想要擁有別人的腦袋。
2. 每個人的腦袋裝的都一樣，差別在努力不努力。
3. 考試成績好的學生，腦袋並沒有比任何人好。
4. 發明相對論的愛因斯坦，據說腦袋和一

般人沒有兩樣。

5. 每個人的腦袋都是特別的，需要自己好好珍惜。

一樣的腦袋不一樣的思考

1. 別人的點子不一定好，因為他比不上自己的有特色。
2. 經過腦袋想過的點子，對自己而言如同多年的好友。
3. 與其聽他人的建議，不妨用自己的腦袋想想。
4. 隨時將自己腦袋中的點子記錄下來，因為有一天會用的著。
5. 勇敢讓他人瞭解，自己的腦袋是最棒的。

高手的私家菜

> 高手知道什麼時候讀書，敗將研究什麼時候考試。

看高手出招

1. 高手瞭解適當正確的時刻，運用正確的方法達到效果。
2. 高手知道考試重點在哪裡，並且將重點熟記在腦袋中。
3. 高手的時間掌握得特別好，並且知道什麼時間做什事。
4. 高手的考卷很少塗鴉修改，並且對自己的答題有把握。
5. 高手的讀書計畫系統條理，並且運用考試要領與訣竅。

高手私家菜

1. 高手的招數是從得高分的人身上學習而來。
2. 教師上課中講的要領就是高手未來要用的方法。
3. 高手的招數是平日經驗的累積。
4. 高手並沒有特別聰明，他們與眾不同的地方在於勤學習。
5. 高手好的招數是需要記下來提醒自己的。

拿高分的要領

温馨的叮嚀

高分人人想要，必須用對訣竅。

高分的要領

1. 拿到考卷先將題目快速看一遍再作答。
2. 先寫會的題目將有把握的分數拿起來。
3. 將有把握不是正確答案部分標示出來。
4. 計算答案分配情形決定圈選正確答案。
5. 完全沒有把握題目努力回想舊有經驗。

高手的作法

1. 每一科的考試成績儘量保持均衡。
2. 自己有把握的科目要盡全力拿高分。
3. 沒有把握的科目要減少被扣分的機會。
4. 儘量不可以出現錯別字和錯誤的標點符號。
5. 不可能拿高分的科目不可錯過任何拿分數的機會。

運用針孔窺伺高手的讀書方法

用對讀書方法比苦讀的效果好。

高手的讀書方法

1. 歸納各科準備考試的方法,並且向老師求證。

2. 實驗看看自己的讀書方法和考試成績的關係。

3. 如果努力讀書考試成績不好,就應該要換方法。

4. 高手的讀書方法都是正確的,因為他們都經過試驗。

5. 多多向高手學習,從高手的經驗和方法中,讓自己成為另一個高手。

可以考慮的作法

1. 借高手的課本觀摩怎樣劃重點。

2. 借用高手的筆記本瞭解記筆記的要領。

3. 學習高手讀書計畫的要領。

4. 借高手的考試卷訂正,並且學習高手的考試方法。

5. 將高手的各種方法記下來和自己的方法比較。

升學就業篇

　　高中職生涯結束後，不是升學就是就業，沒有第三種選擇。因為第三種選擇就是放棄自己。升學與就業的重要性是一樣的等級，可以工作三年後再回學校讀書，也可以先讀書再培養實際工作能力。

　　雖然升學和就業都是為了賺錢，但是除了錢之外，成就感更是你為什麼選擇升學或是就業的主要因素。這一篇就是要仔細去分析你適合哪一條路。

要升學還是就業

諾貝爾經濟學家克魯曼大師說：讓自己成為通才的精英

升學與就業的差別

- 一個對未來充滿憧憬，一個對未來充滿恐懼。
- 一個繼續接受考試的折磨，一個轉變接受社會的折磨。
- 一個改變不大，一個改變過大。
- 一個繼續讓家人養，一個必須要養自己。
- 一個繼續苦讀書，一個外出作苦工。

升學與就業的選擇

- 如果你無法擁有上面任何一項能力，就選擇升學充實自己。
- 如果你可以改變企業的經營讓年收入成為二倍，就可以選擇就業。
- 如果你可以擁有企業無法取代的優異能力，就可以選擇就業。
- 如果你可以擁有月薪十萬元以上的終身俸，就可以選擇就業。
- 如果你已經擁有優異的才能，就可以選擇升學或就業。

學歷到底有沒有用

哇~好厲害的人！

學歷證書雖只是薄薄一張，但沒有就是沒有。

學歷的意義

- 決定你每天的工作量有多少。
- 決定你的年收入有多少。
- 決定你每個月的上班時間。
- 決定你開哪一種名車。
- 決定你一生所能想到的事項。

文憑的生活意義

1. 社會上每一個令人羨慕的人物，都擁有顯赫的學歷。
2. 開名車在街上跑的人，都擁有驚人的學歷。
3. 每個傑出的企業家，學歷都會在某種水平之上。
4. 能夠改變社會和國家的人，都擁有相當高的學歷。
5. 所有的指標中最令人羨慕也最具體的就是學歷。

水電工的人生

傑出的水電工心中最大願望是回到學校接受教育。

水電工一生的素描

- ☑ 每個人的生活中，一定要有水和電。
- ☑ 和水電為舞的日子充滿生命威脅，但可以造福人群。
- ☑ 一生都要過著高風險、高收入的生活。
- ☑ 只要有8週的時間學習就可以從事的工作。
- ☑ 不會因為從事水電工就看不起自己。
- ☑ 水電工和教授的地位是一樣崇高的。

當教授會不會失業

天下每一個人都會失業，哪怕教授也不例外

哪些人會失業

在學校的學習生活不夠積極的人。

在專業技能學習不夠成熟的人。

在能力培養方面不夠紮實的人。

缺乏專業能力並且不願努力的人。

在知識的學習上不願意用心的人。

遠離失業的恐懼

1. 讓自己成為無法取代的專業人員。

2. 讓自己成為隨時學習成長的人。

3. 讓自己的技術和能力隨時改變的人。

4. 面對自己的危機可以隨時因應的人。

5. 作個提早因應失業的人。

存活下來才有人生

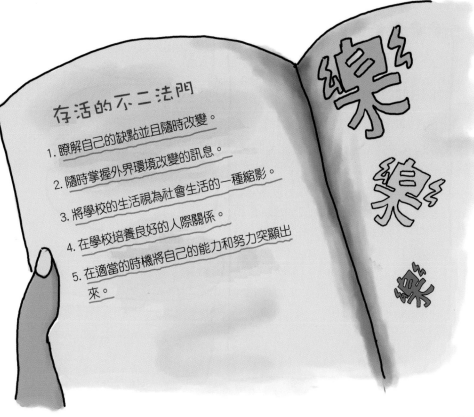

存活的不二法門

1. 瞭解自己的缺點並且隨時改變。

2. 隨時掌握外界環境改變的訊息。

3. 將學校的生活視為社會生活的一種縮影。

4. 在學校培養良好的人際關係。

5. 在適當的時機將自己的能力和努力突顯出來。

成就感是你人生的三分之一

成就感是每個人存在的意義和價值。

提高自己的成就感

成就感的實質意義

1. 任何歌手都需要聽眾熱烈的掌聲。

2. 任何演員都需要熱情觀眾的捧場。

3. 運動場上的運動員需要熱烈加油。

4. 學習表現優異學生需要上台領獎。

5. 積極努力的學生需要師長的獎勵。

每天作對一件事。

用數字呈現自己的努力結果。

在努力之後給自己一點點鼓勵。

和親近的人分享自己努力的成果。

讓家人知道自己努力的成果。

證照實力篇

　　讀書到底有沒有用，只有用過才知道；但是只要你拿得出證照，就可以證明你的能力有沒有用。社會很現實，老闆想用的人才最好馬上就上手，可沒有時間再等你學習。因此，能在學校學習中就取得下列的證照，可就是馬上有工作的保證。

英語證照

這個時代,基本英語能力是生存於職場的要件之一。

英語能力準備

1. 記憶,依個人語言能力程度開始記憶相關單字。

2. 聽,每天聽至少半小時的英語對話,加深對字句的記憶。

3. 說,用腦記、跟著說、不求多。

4. 讀,一邊閱讀,一邊讀出聲音,加深腦力記憶。

5. 寫,練習使用學過的文法與字句,開始進行英語能力的測試。

注意事項

1. 每天記憶30個單字,一年後就可以參加多益考試(企業最愛的語言證照)。

2. 英語需要長期使用,建立實力。

3. 國中和高中(職)英語課程,已足以生活上使用。

4. 至少考一張英語證照,實際考試能測出實力。

5. 考到了英語證照,仍然需要使用它,才能維持所學的英語能力。

多國語言證照

多國語能力準備

1. 記憶、聽、說、讀、寫的練習。
2. 上課專心聽老師的講解，下課立刻復習。
3. 早上起床立刻復習一遍，晚上睡前再復習一遍。
4. 上學途中不斷地反覆背誦，放學途中再復習一次。
5. 定期自我測驗。

需要一的就一份競爭力。世界村多國的語言，多會說，種語言多元。

注意事項

1. 考證照，是你學習語言的目標，但是能長期使用才是重點。
2. 存錢，到你所學的語言國家練習運用。
3. 求職，對訓練自己另一種語言的能力，會很有學習動力。
4. 興趣，可以在網路世界中認識到相同語言力的朋友。
5. 成就感，一旦成功學會一種語言，自信心的增加會使人容光煥發。

電腦證照

越精通於電腦工具的使用，越能加快工作效率。

電腦證照能力準備

1. 依目標取向準備證照考試。
2. 於課堂上仔細聽老師的教導，回家後立刻練習。
3. 從最簡單的電腦打字證照開始準備，建立考試成就感。
4. 會使用跟拿到電腦證照，是兩回事。
5. 沒有電腦證照，只證明你可能會使用，但無法證明你通過國家檢定。

注意事項

1. 腳踏實地取得每一張電腦證照。
2. 在學期間是取得證照的最好時機。
3. 學校老師會依據證照考試內容，加強訓練。
4. 儘可能利用在學期間就拿到所有證照。
5. 利用證照能力再加上高學業能力，可以找到一份好工作。

丙級證照

跟著國家政策走，擁有基本
丙級證照，是你

執業的保證

丙級證照能力準備

聽從學校老師的教導，準備相關能力的丙級證照。

丙級證照是技能證照最基本的，若沒有它，你無法執業。

在學期間最容易考到丙級證照。

腳踏實地去準備，不要看不起丙級證照。

擁有一張丙級證照，代表你通過國家考試的認證。

注意事項

1. 拿到丙級證照要收好，不要亂丟。

2. 企業先看你的證照，再決定你要不要錄用你。

3. 多一張相關技能的證照，代表你的能力比別人強。

4. 隨時可以上求職網站，查看企業所需要哪些丙級證照。

5. 針對求職類別取得相關聯的丙級證照。

乙級證照

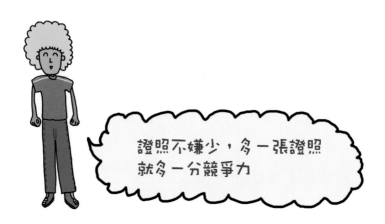

證照不嫌少，多一張證照就多一分競爭力

乙級證照能力準備

☑ 拿到丙級證照後，需要有就業證明，方能考乙級證照。
☑ 可上網參閱技能檢定考試的訊息，隨時掌控考試方向。
☑ 蒐集歷年考試資料，加強練習。
☑ 為自己定期模擬考，增加臨場考證反應力。
☑ 多向成功前輩學習考試經驗，減少失敗機會。

要記起來喔！

注意事項

1. 拿到乙級證照要收好，不要亂丟。
2. 乙級證照很值錢，是通往最高等級證照的通行證。
3. 可以依取得證照時間表來提醒自己，加強技能檢定。
4. 若能想辦法利用在學期間就取得乙級證照是最好。
5. 越年輕越容易考取高階證照。

甲級證照

哇~好厲害的人!

最高級的照證種類,擁有它,是別人求你為他工作。

甲級證照能力準備

- 最好能先拿到乙級證照,再考甲級證照,成功機會較大。

- 甲級證照是實力的考驗,沒有實力的技能者,不容易拿到。

- 定下長期取得證照計畫,以拿到該技能之甲級證照為目標。

- 蒐集歷年考試資料,定期模擬考,並向取得該項證照者請教成功秘訣。

- 越年輕越容易考取甲級證照。

注意事項

1. 拿到甲級證照要收好,不要亂丟。

2. 最好能依時間表把各項證照整理成冊。

3. 擁有甲級證照代表你有該技能的講師資格。

4. 技能工作者應以拿到甲級證照為目標。

5. 甲級證照是證照中最有價值的一張紙,擁有它等於擁有該領域的保證能力。

實力證照

只怕沒證照，不怕用不到。

實力
證照
能力

- 各項能力都有證照可考。
- 教書需要教書證，開小餐館也要有廚師證。
- 在學期間至少拿到一張語言證照、一張電腦證照和一張相關技能證照。
- 不要瞧不起證照，各種實力證照是用到時方恨少。

注意事項

1. 注意證照時效，避免過期。

2. 收好證照，補發會費財耗時。

3. 依取得該技能最高證照為目標。

4. 年輕時取得相關的證照較為容易。

5. 各種類型的證照是你實力的保證。

實習打工篇

　　讀書是為了培養實力與能力來換取金錢，過美好的生活。能有機會利用學校建教合作來實習打工，是再安全不過的方法。是最好取得工作經驗的管道，也是最能快速改善自己學習方向的正確性。

　　實習打工的機會是讓人邁向成功的第一步。可以瞭解自己到底所學是不是自己想要的，更可以體會到賺錢的感覺真好。

低頭是抬頭的開始

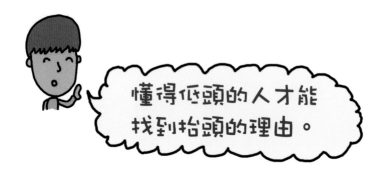

懂得低頭的人才能找到抬頭的理由。

低頭的時刻

☑ 想要合法將別人口袋中的錢，成為自己的就必須低頭。

☑ 想要擁有和別人一樣的幸福生活，自己就必須低頭。

☑ 當別人的成就比我高，自己就必須低頭。

☑ 當我手心向上時，自己就必須低頭。

☑ 當我有求於人時，自己就必須低頭。

要記起來喔！

低頭是抬頭的開始

1. 麥當勞兄弟成功的要素在於適時地向他人低頭。

2. 哈利波特的作者JK羅琳成功的關鍵在於勇於低頭。

3. 7-11的總裁能成就統一王國的原因在於選對低頭的時刻。

4. 比爾‧蓋茲勉勵哈佛大學的畢業生，要學習低頭的哲學和時刻。

5. 身為現代人的你我，都要一起學習如何低頭。

失敗是成功的開始

温馨的叮嚀

成功是失敗的累積。

失敗的定義

- 一時的失敗並非一生的失敗。
- 人生相當漫長,不必過早定義失敗。
- 未經努力就放棄是可恥的行為。
- 未曾經歷失敗的人談成功還太早。
- 成功者找理由,失敗者找藉口。

成功的關鍵

1. 勇敢面對失敗的勇氣。
2. 瞭解失敗是成功的主要關鍵。
3. 傑出的企業家在乎的是失敗的經驗。
4. 過早舉杯慶祝成功者,下一刻就會嚐到失敗的痛苦。
5. 成功者的字典裡充滿失敗的影子。

年輕就是最好的本錢

年輕就是最好的本錢，但經驗就是最好的成本。

打工座右銘

1. 如果你覺得老闆很囉唆，等你當老闆就知道箇中滋味。
2. 老闆會對你細細念的原因，是自己工作不努力又經常覬覦老闆口袋中的錢。
3. 打工的重點不在於金錢的多少，而在於經驗學習的多少。

4. 如果認為每個老闆都很色，你就會知道社會有多現實。
5. 告訴自己打工是經驗的累積，不是抱怨的溫床。

年輕就是本錢

1. 你和社會上的人不同點在於擁有年輕的本錢。
2. 你的老闆不一定有打工的經驗，但是你一定要有學習當老闆的氣勢。
3. 想一想如果你是老闆的話，你會怎麼作比較好。
4. 在埋怨老闆時，多花些心思在思考如何取代他的角色。
5. 年輕是每一個人都有的成本，重點在於如何運用並掌握它。

第一份薪水很重要

第一份薪水的傳說

1. 第一份薪水是你一生中最低收入的一次。

2. 如果你努力的話，未來的薪水是第一份薪水的數倍。

3. 如果你不努力的話，終其一生的薪水不會超過第一份薪水。

4. 第一份薪水如何規劃，就會決定你未來一生的生活品質。

5. 自己賺的第一份薪水如果用來貼補家用，成效會是金錢本身的 N 倍。

錢是一個可愛的瞄友，但亂用它就會變得不可愛。

第一份薪水的神話

1. 將第一份薪水放在郵局或銀行，讓它成為生命中的金雞母。

2. 傑出企業家生命中的第一份薪水都會作永久的典藏。

3. 很多名人的第一份薪水至今多還紋風不動放在保險箱中。

4. 如果要用掉第一份薪水的話，記得處理一件讓你終生難忘的事情上。

5. 想一想如何在50年後讓自己還記得生命中的第一份薪水。

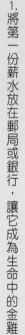

尊重老闆就是尊重自己

成功 ◀ ▶ 失敗

老闆是一個令人討厭的名詞，但他卻可以提供你生活的保障。

尊重老闆的
天方夜譚

- 依據研究半數以上的員工不喜歡自己的老闆。
- 聽說半數以上的老闆也不喜歡自己的員工。
- 員工和老闆敵對是企業成功的潛在關鍵。
- 員工會積極想辦法將老闆口袋中的錢A過來，老闆也會想辦法將自己的口袋關緊。
- 當老闆對員工展現積極親切時，是你該當心的時刻了。

經常批評自己老闆的員工，一定會一年換24個老闆。

尊重老闆就是尊重自己的行為。

尊重老闆的
秘訣

如果想要馬上失業，批評老闆是一個最好的方法。

如果自己不尊重老闆，相信他人也不會尊重你的職業。

「既合作又競爭」是最好的老闆員工關係法則。

社會是現實的世界

社會的現實是任何公式都無法描寫的。

現實社會素描

- 無情和現實是社會的代名詞。
- 無情的不是社會而是在你周遭的人。
- 社會的現實超越任何理論的範疇。
- 掉在大街上的100元美金,每個人都會說是他掉的。
- 沒有金錢、沒有權力、沒有實力就沒有社會地位。

面對現實社會

1. 社會可以無情,但是你絕對不可以。
2. 你可以瞭解社會無情,但是不可以去嘗試社會的無情。
3. 培養自己的實力,就會遠離無情的社會。
4. 社會只對不積極、不努力的人展現晚娘的臉孔。
5. 有一天你可以改變社會時,一定要記得營造一個有情的社會。

假日生活篇

　　高中職生活中的考試次數會比過去國中時期的考試少一些，但是仍舊有面對畢業後升學或就業的壓力。假日的生活是一個很好的機會，讓自己停下學習的腳步思考方向，或是印證自己的學習到底有沒有符合社會期待。

　　有的同學不拿假日生活擺爛，而是到夜市擺攤，當起小老闆或街頭藝人；有的同學去當假日工讀生，為畢業後可以單車環島準備；有的同學利用假日創作文學作品，賺取人生成就感。

　　假日生活是你人生中另一面鏡子，可看出你的人生是白雪公主還是灰姑娘，是白馬王子還是青蛙王子。接下就看看別人到底用什麼方法來安排自己的假日生活。

假日不是用來擺爛

真正會讀書的人，也一定很會玩。

生活規劃的要領

1. 在每一年年底，將自己未來一年的計畫做好。
2. 將每一學期的段考時間標示出來，提醒自己考試的重點。
3. 將一學期中的放假日用螢光筆標出來。
4. 將自己的讀書時間規劃好，再規劃生活計畫。
5. 生活規劃要配合學校的行事曆，再配合家人的行事曆。

一個很炫的生活規劃

1. 每一年可以計畫台灣繞一圈。
2. 每一個月可以計畫到外面旅行一趟。
3. 每一個月可以商量到班上最好的同學家過夜一次。
4. 每一個星期可以看一部自己最想看的電影。
5. 每一天可以看30分鐘的電視影集。

實踐自己的生活規劃

不要讓假日生活作息，成為明日上課的負擔。

假日生活方案
1. 在家混吃混喝躺在床上補睡眠。
2. 早睡早起運動鍛鍊身體補健康。
3. 散步走路騎鐵馬養成運動習慣。
4. 把握時間複習功課和冬令進補。
5. 家人閒聊親職互動並相互鼓勵。

做一個假日生活達人
1. 可以將每個星期騎腳踏車的公里數記錄下來，並且做一個統計表。
2. 可以將每個假日投籃進球的次數記錄下來。
3. 可以在自己居住的城市地圖上面，標示每個星期「快走散步」的地點。
4. 可以用數位相機將假日觀光的地點記錄下來。
5. 可以將每週假日去餐廳吃飯的菜用數位相機記錄下來。

另一片天空的起點

他人的假日計畫可以提供自己規劃的參考。

很炫的主意

1. 問問老師他們的假日都在做什麼。
2. 找幾個考試高分又天天快樂的同學，問問看他們的假日如何度過。
3. 為自己規劃一個驚天動地的計畫，但不要忘了和家人商量。
4. 一個偉大的計畫，往往都是一步一步慢慢完成的。
5. 如果可能的話，在國中階段可以計畫一個省錢達人的環島旅行計畫。

可以考慮的作法

1. 參加班上好友的家庭假日計畫。
2. 邀請班上好友參加自己的家庭假日計畫。
3. 如果未來想讀高中，可以邀請想就讀高中的學長，在假日分享各種讀書計畫。
4. 規劃三個偉大的計畫，同時也規劃三個可以達成的計畫。
5. 利用假日作義工是一個很好的主意。

享受極樂時光

溫馨的叮嚀

完整的假日生活計畫，往往讓自己有美好的回憶。

王子與公主的假日計畫

1. 男生和女生的計畫是有差別的。
2. 找幾位班上異性同學分享彼此的假日生活計畫。
3. 將班上同學假日計畫有創意的點子，納入自己的假日計畫中。
4. 如果可行的話，邀請幾位班上談得來的同學，彼此分享自己的假日計畫。
5. 如果自己的假日計畫和別人比不上，不要難過，因為大家的想法都不一樣。

自己可以做得來的事

1. 珍惜自己的假日計畫，不管它看起來有多糟。
2. 不必羨慕別人的計畫，因為每個人都是不同的。
3. 計畫是可以修改的，但記得為自己修改。
4. 不要過度在乎別人對自己的計畫，因為成功者的計畫和一般人不一樣。
5. 好的計畫值得珍藏，並且值得持續堅持。

從假日生活看自己

享受不必花錢多，甜美回憶多珍藏。

不必敗金的的好點子

- 百貨公司的週年慶，往往有很多值得參觀的地方。
- 大型的購物中心，在週末通常會有特價品，並且有很多免費試吃的機會。
- 各種型態的新書展覽，可以提供很多新的書籍和課外讀物。
- 很多新開幕的商店或飲食店，都提供免費吃到飽或一點費用吃到飽的福利。
- 跳蚤市場、聯合展出、小吃展覽等，有很多值得參觀的地方。

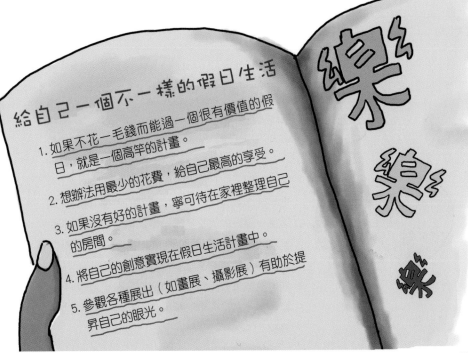

給自己一個不一樣的假日生活

1. 如果不花一毛錢而能過一個很有價值的假日，就是一個高竿的計畫。
2. 想辦法用最少的花費，給自己最高的享受。
3. 如果沒有好的計畫，寧可待在家裡整理自己的房間。
4. 將自己的創意實現在假日生活計畫中。
5. 參觀各種展出（如畫展、攝影展）有助於提昇自己的眼光。

樂樂樂

冷靜的最好時空

快樂

不正常的睡眠，所付出的代價就是青春痘、臉上的雀斑和身體健康。

一個懶散者的假日生活

- ☑ 每逢假日就用來補睡眠。
- ☑ 一放假就想往外面跑。
- ☑ 從不管假日結束後的考試壓力。
- ☑ 晚上不睡覺、早上不起床。
- ☑ 每逢假日就不撥起床的鬧鐘。

我也可以這麼做

要記起來喔！

1. 把平常因為時間不夠，沒有做的各種計畫完成。
2. 挑選一部好的英文影集，度過一個美好的假日。
3. 到離家近的「誠品書局」或「規模大的書局」將想買卻沒錢買的書狠狠地看完。
4. 把書房的書整理整理，順便把各種紀錄做好。
5. 寫封信（或e-mail）給過去對自己很好的師長或同學。

休息是為了更長遠的路

溫馨的叮嚀

有些夢想要趁早實現，否則一輩子都會成為遺憾。

從數字看充滿挑戰的環島計畫

- 小型的環島旅行只要七天就可以辦到。
- 完整且簡單的環島旅行花費在5000元以下。如果和好朋友結伴同行，花費會更低。
- 如果用一年來存的話，一天要存14元左右。
- 很多時候，只要我們努力，會有額外的錢可以存。
- 將自己的壓歲錢、買零食、喝飲料的費用省下來，很快就可以達成目標。

另類的旅行計畫

1. 和家人同行是最放心的，何況很多費用都可以自己省下來。
2. 家人如果不方便同行，和好朋友的家人同行，也是一項不錯的選擇。
3. 如果確定要和好朋友同行的話，必須和家人做好安全詳細的計畫。
4. 環島旅行時記得和學校的學習活動結合起來，例如帶一張台灣地圖。
5. 將環島的學習計畫寫下來，並且將學習的內容具體的規劃出來。

記行事曆篇

　　高中職生活忙碌程度一定比國中生活要忙碌與複雜許多，一本好的記事本可以幫助你記下所有生活的應為與不為，可以幫助你分析該做與不該做，隨時隨地的提醒你，時間內要完成的事情。

　　選擇一本接近你實際生活的記事本，可以事半功倍的讓你成就高中職生活的最大價值。現在就到書局去找尋最適合的記事本，開始記錄你的人生點滴。

不頂嘴的隨身秘書

成功 ← → 失敗

有了隨身秘書的提醒，就不會有丟三落四的現象。

**優質的
隨身秘書**

- 我會想要隨身攜帶。
- 我會想拿出來和同學炫耀。
- 我隨時想要在裡面記錄重要事情。
- 這位秘書我會想要保管20年以上。
- 他會隨時讓我知道過去、現在、未來。

隨著歲月的成長，讓它的兄弟姊妹在一起。

要讓它發揮功能。

貼身的好
秘書

視為一輩子的貼身好友。

不可以讓它拋棄自己。

切記要好好珍惜它。

愛跟班的好朋友

有它也許短時間很煩，沒有它會一輩子更煩。

僕人要提醒自己的事

1. 哪些時間考試、哪些時間不考試。
2. 這學期學校要做的所有事情。
3. 各科目的考試時間和進度。
4. 自己的讀書進度、存款數量、好朋友的聯絡資料。
5. 家人、親人、師長、好友的生日資料。

僕人的特性

可以隨時提醒自己。

已經完成的事項要標記起來。

今天要提醒明天、後天、未來的行程。

可以隨時增加新的行程通告。

可以隨時讓自己寫下心情故事。

不用腦的記憶神童

溫馨的叮嚀

經常忘記事情的人，一定會是煩
惱一堆。

當一個生活達人

- 從不忘掉任何生活事。
- 從不講任何一句「唉喲！我忘了」。
- 每一件事都有充分的準備。
- 我的頭腦和電腦一樣記性好。
- 我不會漏掉任何學習重要事。

一定不會丟三落四的秘訣

1. 利用記事簿記錄每一件重要事。

2. 將每天重要的行程記在桌曆上。

3. 運用便利貼將重要事貼在書桌前。

4. 桌墊下會有每個月的重要行事曆。

5. 運用學習紀錄簿記錄學習事。

很高興為您服務

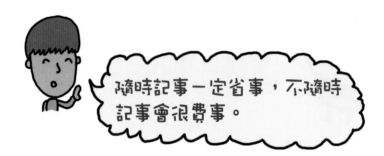

隨時記事一定省事，不隨時記事會很費事。

永不打烊的服務

要記起來喔！

- ☑ 一年365天需要年行事曆。
- ☑ 一月30天需要月行事曆。
- ☑ 一週7天需要週行事曆。
- ☑ 一天24小時需要桌曆。
- ☑ 隨時隨地需要便利貼。

私人秘書與我同在

1. 一年剛開始時，就將未來一年的計畫做好。

2. 每個月底時，就將未來一個月的行事曆處理好。

3. 每個週末時，將未來一週的行事曆處理好。

4. 每天睡覺前，將明天的行事曆處理好。

5. 隨時隨時將便利貼的重要事項處理好。

彩繪不同的生活

讓行事曆提醒自己的效果，
比自己提醒自己的效果好。

不同顏色不同重要事

1. 每天要將重要事記錄下來。
2. 重要事就需要標示重要標記。
3. 不同的顏色代表不同重要事。
4. 以顏色辨別事情的輕重緩急。
5. 處理完成的事就撕下標籤。

給生活一點顏色

1. 在重要的行事曆中標示顏色，可以降低對事情的壓力。
2. 選擇並且習慣用不同的顏色，標示不同性質的重要事。
3. 依據不同顏色將事情的性質分類。
4. 不同顏色的標籤可以相互使用。
5. 最好的標籤是上面有自己的名字。

便利貼小姐

養成良好的習慣，對學習是很有幫助的。

便利貼的用處

1. 記事簿或行事曆的運用，可以配合各種便利貼。
2. 便利貼可以協助自己處理各種繁雜的計畫。
3. 可以將便利貼用來提醒自己學校的學習進度。
4. 將今天的功課進度，用便利貼在封面上提醒自己。
5. 已經完成或尚未完成的事情，都可以用便利貼標示。

使用便利貼的的關鍵

1. 隨時隨地發揮便利貼的功用。
2. 讓便列貼成為自己的貼身秘書。
3. 依據事情的輕重緩急使用不同的便利貼。
4. 用便利貼標示「非常緊急」、「緊急」、「不緊急」等字眼。
5. 便利貼要隨眼可見，才會有隨時提醒的作用。

輕重緩急學習選擇

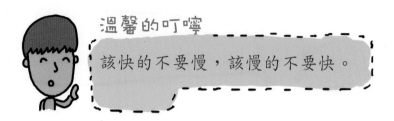

溫馨的叮嚀

該快的不要慢，該慢的不要快。

將事情分類的要領

學習辨別事情的輕重緩急，對自己的成長是很有幫助的。

下列的座標圖可以提醒自己事情的輕重緩急情形。

時間性 重要性	非常緊急	緊急	還算緊急	不緊急
非常重要	馬上辦	立即辦	趕快處理	處理
重要	立即辦	立即辦	趕快處理	處理
還算重要	趕快處理	趕快處理	趕快處理	處理
非常不重要	處理	處理	處理	處理

同學加油

不看妳的眼只看妳的臉

找藉口和理由是失敗者的代言人。

忘記和不做是同一回事

- 如果我常常說忘記了，那就是故意不做事。
- 找藉口就是陷害自己。
- 找理由是作賤自己。
- 很多事情別人不會提醒自己，因為做不做和他們都沒有關係。
- 我的敵人都希望自己經常忘記重要事項。

不作懶散的高中職生

- 懶散的高中職生將來生活很糟。
- 懶散的結果都是自己要承擔。
- 不要相信可以讓自己靠的任何人。
- 給自己一個努力的機會，不要給自己一個忘記的藉口。
- 我讓自己的臉色經常保持成功驕傲的樣子。

親職生活篇

高中職生活後,父母比較不會再對自己碎碎唸,會放手讓自己去做一些過去不能做的事情,像是到同學家住一晚,偶爾晚一點回家,獨自去學校上課等等,自由度大於以前國中時期,但是嘮叨的性格還是不減。

如果父母親希望你升學,你也許就會不屑的認為「讀書就可以當飯吃嗎」;如果父母親希望你就業,你也許也會不屑的認為「有錢就可以當大爺嗎」。

當然「花錢容易賺錢難」，花別人的錢永遠不會心疼；不過「就連周杰倫也要聽媽媽的話」那麼為什麼你可以不聽呢？也許你不是周杰倫，那麼問問自己「我到底要什麼」；假設「父母親不能決定你的人生」的話，那麼你想自己「何時可以決定你的人生」，又如何完成呢？

讀書就可以當飯吃嗎

讀書不能當飯吃，但不讀書未來可能沒飯吃。

讀書和吃飯的關係

- 想要未來天天有飯吃，現在就要天天讀書。
- 有一道可以參考的公式：吃好飯和讀好書成正比，沒飯吃和不讀書也成正比。
- 對坐在旁邊的書呆子好一點，因為他們未來可能是自己的老闆。
- 家長最常告訴小孩的一句話，「不讀書就去做工」，想想看為什麼。

面對讀書面對吃飯

- 現在自己不必煩惱吃飯的問題，但是可以為自己的未來好好努力。
- 吃滿漢全席的人沒有錯，因為他們都靠自己的努力。
- 坐賓士車、住豪宅的人也沒錯，因為他們學生時代都曾經努力過。
- 天下沒有不勞而獲的事，沒有白吃的午餐，他們都必須付出代價。

有錢就可以當大爺嗎

有錢可能比較大聲，但沒錢可以有骨氣。

富有和貧窮的差別

1. 有錢的人不一定都富有。
2. 錢並不是生命中的全部，雖然沒有它會讓人感到難過。
3. 一般貧窮的人年輕時代都是不夠努力。
4. 富有和貧窮的差別很多時候在於觀念、作法和想法。
5. 有錢人如果不努力，有一天會變貧窮；貧窮的人如果努力，有一天會變富有。

面對富有和貧窮

1. 家裡有錢不是你的功勞，未來貧窮是自己的責任。
2. 學習方面的努力程度，往往是決定未來有錢或貧窮的關鍵。
3. 如果自己不努力，有錢變貧窮是相當容易的。
4. 如果凡事積極努力，貧窮就不會找上自己。
5. 喜歡過有錢的生活，現在開始就要努力。

花錢容易賺錢難

花錢容易賺錢難是運用金錢不變的道理。

賺錢的私家話

1. 老闆和員工對薪水的定義永遠是相反的。

2. 老闆希望員工花最大的代價領最少的薪水。

3. 員工希望老闆花最少的代價花最高的薪水。

4. 通常老闆會從每個月的月初笑到月底，員工只有花薪水當天笑。

5. 成功的人花最少的代價賺最多的錢，失敗者花最大的代價賺最少的錢。

花錢與賺錢之間

1. 花錢容易、賺錢難是每個人的痛。

2. 想要狠狠地拜金，就要拼命地工作。

3. 浪費別人的錢相當容易，浪費自己的錢很難。

4. 世界上有一種痛你一定可以忍受，那就是別人的痛。

5. 如果你習慣浪費父母的錢，將來你的孩子也會浪費你的錢。

就連周杰倫也要聽媽媽的話

天王背後都有一段辛酸的過去。

START

天王的傳說

- 周杰倫成功的主要原因不在於自己的努力，而在於聽媽媽的話。
- 蔡依林成功的主要原因在於面對自己的家庭問題而不放棄自己。
- 台語歌后江蕙的存款被姊姊敗掉一億五千萬時，講了一句「我可以歸零後再出發」。
- 有一位擁有數十億財產的企業家，用一首歌曲「再出發」勉勵自己。
- 開計程車的司機不可恥，可恥的是坐在計程車中不斷抽泣的失敗者。

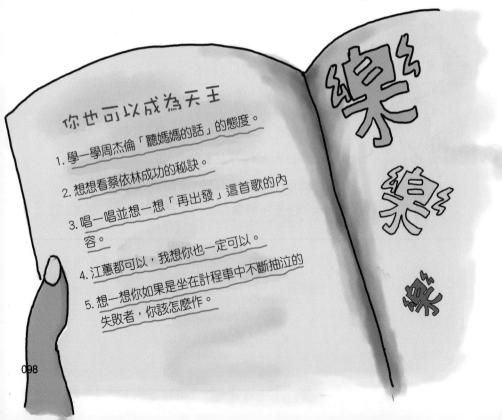

你也可以成為天王

1. 學一學周杰倫「聽媽媽的話」的態度。

2. 想想看蔡依林成功的秘訣。

3. 唱一唱並想一想「再出發」這首歌的內容。

4. 江蕙都可以，我想你也一定可以。

5. 想一想你如果是坐在計程車中不斷抽泣的失敗者，你該怎麼作。

樂
樂
樂

我到底要決定什麼

從小決定到大決定需要不斷的思考和時間的鍛鍊。

面對決定面對後果

做決定的時機

1. 只要自己可以承擔後果，隨時都可以做決定。

2. 只要決定不影響他人，任何事都可以做決定。

3. 決定之後的行動對自己是正面的，就可以做決定。

4. 決定之後對他人是正面的，可以隨時做決定。

5. 做決定後的好壞，必須是師長與家人的評價正面。

沒有勇氣承擔後果，就不要隨便做決定。

對決定後的影響沒有把握，和家人商量後做決定。

決定後的行動只對自己有利，那就不要做一個自私的人。

希望自己不被他人連累，最好的方法是不要隨便做決定。

隨著年齡的成長，學習慢慢做決定，尤其從小處開始練習。

父母親不能決定你的人生

父母常常要求我讀書是一種愛的表現，雖然高中職學生覺得很煩。

父母嘮叨的原因

- ☑ 自己的讀書狀況讓他人不斷地嘮叨。
- ☑ 自己的學習行為家人不放心就會嘮叨。
- ☑ 嘮叨之後沒有改善就會有下一波的嘮叨。
- ☑ 學習讓他人不滿意或達不到標準也會出現嘮叨。
- ☑ 想想看被嘮叨的原因何在。

減少被嘮叨的方法

要記起來喔！

1. 瞭解他人嘮叨的原因。
2. 請嘮叨者提出改善讀書或學習的方法。
3. 告訴他們自己會慢慢努力。
4. 讓他們知道哪些事自己可以做到的？哪些要一段時間才能改善？哪些是做不到的？
5. 將他人的嘮叨記下來，想一想該怎麼辦。

何時可以決定你的人生

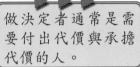

做決定者通常是需要付出代價與承擔代價的人。

誰來做決定的問題

- 做決定的人通常需要瞭解決定之後會有哪些後果。

- 做決定的人都是需要承擔後果的。

- 家人和師長的決定,通常對自己都是有利的。

- 做決定的人需要有很豐富的經驗。

- 如果自己不知道如何做決定,何妨聽聽別人的意見。

做正確決定的標準

1. 決定後的好結果是做決定的標準。

2. 在做決定前先比較不同決定的後果,並選擇好後果的決定。

3. 請家人將屬於自己的事,讓自己練習決定一次。

4. 先做小決定,再慢慢做大決定。

5. 如果決定後的成果都比他人做的決定好,就可以放心做決定。

有一天我一定離開你們

溫馨的叮嚀

離開是獨立、負責、成熟的代名詞。

離開心更寬嗎

- 不要以為離開家是一種勇敢的行為。
- 不該離開家而隨便離開家,是一種懦弱不敢負責的行為。
- 超過預定回家的時間1小時以上,家人就會心焦如焚。
- 高中職時代離開家只會讓自己帶來無盡的苦惱。
- 父母都希望孩子一輩子都不要離開自己的視線,這一點等自己當父母就會瞭解。

讓告別成為暖暖的祝福

1. 當我們要離開家時,要記得讓家人放心。

2. 如果我們可以獨立生活、為自己的行為負責任、思想與行為都很成熟,就可以離開家。

3. 想一想自己當父母時,希望孩子怎麼做,現在自己就怎麼做。

4. 隨時讓家人知道自己的去處,因為擔心的感覺非常不好。

5. 以暖暖的祝福面對離別,總比心理的擔心好很多。

師生溝通篇

　　其實老師也會怕學生，而且是還在成長階段的學生。有些學生長得又高又壯，老師想開口，還要回頭想想等一下會不會被「蓋布袋」。老師想要對你好，也要看看會不會被告「性騷擾」。

　　現代老師難為，在你面前被你叫一聲「老師好」，在你背後被你說成是「機車老師」。他必須打不還口，罵不還手，還被你嫌棄說他不關心你。

　　唉呦！現代老師真難當，現代學生也不好當。到底要怎麼辦才好？因此，下面的文章就是要仔仔細細的分析你與老師之間的關係，提供你與老師互動的原則，相信在這三年的高中職學生生活中，你不但是可以由你玩三年，還可以在老師心目中建立最好的形象，成為班上又會玩又學得最多的模範。

機車老師也想開賓士車

老師和一般人一樣，
都需要積極的關懷。

那個被稱為機車的老師

1. 每天對學生不斷細細念的老師。
2. 對學生的分數斤斤計較的老師。
3. 不看學生未來只看現在的老師。
4. 永遠目光如豆心細如麻的老師。
5. 批評永遠比獎勵多很多的老師。

想開賓士車的老師

1. 老師也想要有風光的人生。
2. 老師也想要有精彩的人生。
3. 老師也想要有傑出的學生。
4. 老師也想要有成功的事業。
5. 老師也想要有積極的學生。

別以為結業我就會怕

嗆老師的意義

1. 拿出自己努力的成果嗆老師。
2. 如果自己沒有把握贏過老師就不要亂嗆。
3. 嗆老師要有意義、有意思，最好對自己有幫助。
4. 嗆老師前要先想一想自己有沒有比他優秀。

結業不代表學習的結束，是另一個學習旅程的開始。

5. 嗆老師前要先想一想自己有沒有比老師更好的方法。

結業後的嗆聲

1. 告訴自己我會比學校的老師優秀。
2. 讓所有人知道自己的努力是有代價的。
3. 嗆聲不代表對錯問題，而是有無意義的問題。
4. 人生沒有對錯好話高低，但是有適不適合的問題。
5. 隨意的嗆聲是一種多重懦弱的行為。

別以為我在乎記過

記過不僅代表一種形式，也是生命中的一種缺陷。

不在乎記過的學生

1. 對自己的行為不瞭解本身的意義。
2. 自以為是的認為千錯萬錯都是別人的錯。
3. 從不認為反省是一種勇敢的行為。
4. 記過是一種永無法抹滅的傷痕。

勇於面對過錯

1. 不懂得反省的人永遠無法正向成長。
2. 勇於面對錯誤是一種強者的表現。
3. 面對錯誤才讓別人看得起自己。
4. 瞭解過錯才能走對的路。
5. 面對過錯、面對自己是一種勇敢的表現。

別以為我不敢玩陰的

老師對學生的招數其實五千年來都沒有

老師慣用的手段

上課常規不好就會罵。

學生上課太過份，自己又招數用盡時，就會CALL訓導主任來。

無法處理學生的問題行為時，就會向家長打小報告。

段考前就會一直教學生努力讀書，學生考不好就會努力搖頭嘆氣。

看到學生的行為讓自己不爽，就會用校規威脅學生。

當前面這些招數用盡時，就可能招待學生「竹絲炒肉絲」暴力相向。

面對老師的手段

1. 常規不好，老師也要檢討，但學生可以收斂。

2. 不要看老師的笑話，因為這可能是最冷的笑話。

3. 當心現世報，因為將來自己也可能當老師。

4. 學生大概都不知道一件事實，就是老師最不喜歡處罰學生，因為老師自己也會受傷害。

5. 被指責後，其實老師也不好過。

6. 當老師暴力相向時，告訴自己其實我也有錯。

這不是你的錯-心靈捕手

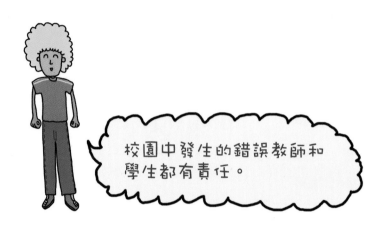

校園中發生的錯誤教師和學生都有責任。

當過錯成為回憶

- ☑ 有些錯一輩子都不可以犯。
- ☑ 如果自己犯錯了,就要有承擔的勇氣。
- ☑ 不要將自己的過錯歸咎在別人身上。
- ☑ 有一天當我們回憶學生時代時,面對過錯會是一種遺憾。
- ☑ 學生時代比較甜美的回憶是當自己努力被肯定時。

要記起來喔!

心靈捕手的定義

1. 當我犯錯前,他總會適時地阻止自己犯錯。
2. 他的規勸比身體的責罰還重。
3. 我從他們失望的眼神看出自己的過錯。
4. 他的溫馨叮嚀永遠與我們同在。
5. 他們習慣以心理的瞭解取代無情的責備。

是誰刺傷我的心

學生要刺傷老師的心很容易，但是自己要承擔的後果更嚴重。

老師刺傷學生的方法

- 最高的招數就是放棄學生，從不看學生的臉。

- 不在乎學生的行為表現。

- 將學生的各種行為視若無睹，不當一回事。

- 在公開場合批評指責學生，讓學生的顏面盡失。

- 在異性同學面前將自己的不好行為一一公開。

能免就免的方法

1. 如果老師放棄自己，自己千萬不可以放棄。

2. 如果老師沒有看見自己的好表現，可能是老師有心事沒有發現。

3. 自己表現不好的行為，要避開老師的眼線。

4. 當老師公開指責自己，記得要把頭放得低低的。

5. 表現一下對自己不良行為懺悔的表情。

有些話不能當面告訴你

如果所有的話都告訴老師就不是成熟的高中生。

哪些話不
敢告訴老
師

- 我偷偷喜歡班上的一位同學。
- 我爸爸媽媽說老師不會教師只會虐待學生。
- 我覺得老師是全校最醜的醜男（女）。
- 我無意中看到老師最隱密的東西。
- 其實以前我對老師頂嘴的話，都不是發自內心的真心話。

不敢講卻非要講的方法

1. 用家人的手機將要講的話傳簡訊給老師。

2. 用電腦的e-mail信件將想要講的話寄給老師。

3. 勇敢的話就直接寫字條給老師。

4. 如果自己當老師看了會傷心難過的話，再有種也不要寫出來。

5. 可以考慮在週記上，將不敢講卻非要講的話寫下來。例如，老師如果有一位學生愛上妳，妳過去都怎麼處理啊？

一日為師終身為父

被我們稱為老師的人,在畢業30年後對我們仍有責任。

老師的定義

1. 認為學生表現不好是自己的責任。
2. 學生考試成績不好會以為自己教學不力。
3. 當學生犯錯時會感到內心不安。
4. 學生出狀況時會立即自責的人。
5. 當學生傷心難過時自己也不好過。

學生的定義

1. 認為行為表現不好是老師的責任。
2. 考試成績不好,認為老師在刁難學生。
3. 自己犯錯時認為是老師標準太高。
4. 每次在班上出狀況會認為自己不是故意的。
5. 千錯萬錯其實都是別人的錯。

交友生活篇

　　人生很公平，你所存在每一分鐘，逝去的時間永遠不會再回頭。這三年是你人生中最美麗、最精華的三年，你可以交到人生中最知心的朋友，也可能從此成為黑道大哥，朋友就是你另外的三分之一。錯過了，要再回頭找尋這時光的朋友，永遠也不可能了。

　　當然，朋友間的情誼不是兩、三天就可以建立起革命情感。你可能因為被同學陷害而被學校老師記過，也可能不小心被搶了男朋友，或者是因為誤入歧途，踏入黑社會，當然也可能從學業中發展出興趣，從此開了另

一扇窗。

　　這一章就是希望能
提供你最好、最快速、
最簡單的方法，讓你分
辨出誰是好朋友、誰是
壞朋友的妙招。

革命情感從此建立

好朋友不會陪伴你一輩子，
但經歷過的情感

革命情感的建立

你無法回頭再經歷15歲的友誼。

也許會被同學欺負，但是你有時間回復。

沒心機的好朋友，在這時很容易結交到。

心眼小的朋友，會讓你吃虧，但也會讓你學到如何應付。

功課好的同學，會讓你自卑，但也會讓你知道人外有人，天外有天。

友誼的建立

1. 不打不相識，有相同目標的同學，比較容易交心。

2. 道不同不相為謀，有相同理念的同學，比較容易維持友誼。

3. 競爭固然痛苦，事過境遷卻容易成為好朋友。

4. 沒有利害關係的朋友，才能維持長久。

5. 獨善其身雖然有好處，但年輕時代就該有些姐妹淘（或哥倆好）。

和朋友掏心掏肺可以嗎

溫馨的叮嚀

飯可以亂吃，話不可以亂講，
但有些話是需要保留的。

可以和朋友分享的話

- 自己的讀書方法和作息運用。
- 學習的困難和面臨的問題。
- 需要學校協助的事項，如家境清寒。
- 拿高分的方法和訣竅。
- 朋友的優點和特質。

有些話放在心裡就好

1. 家中的隱私及錢財。
2. 不隨意道人是非。
3. 現實生活中，你喜歡的異性同學。
4. 家中人員的生活作息。
5. 評估後或家人規定不可講出去的事件。

大哥與卒仔的差別

溫馨的叮嚀

大哥與卒仔都是人生父母養的，唯有靠自己，才能改變自己的命運。

如何成為同學口中的大哥

- 成績優秀，名列前茅。
- 想要懂禮貌，請、謝謝、對不起，六字箴言必須常常掛口中。
- 凡不懂之事請教同學，不分派別。
- 不霸凌同學，會適時幫助同學。
- 不以大哥之姿自居，以不凡領導能力為同學爭取榮譽。

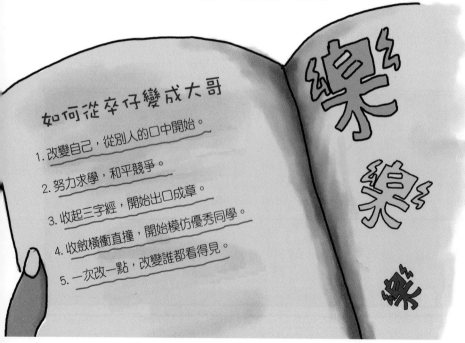

如何從卒仔變成大哥

1. 改變自己，從別人的口中開始。
2. 努力求學，和平競爭。
3. 收起三字經，開始出口成章。
4. 收斂橫衝直撞，開始模仿優秀同學。
5. 一次改一點，改變誰都看得見。

願意被額手稱慶還是指指點點

用大拇指對我與用中指對我的感覺是不一樣的。

當一個大家稱讚的現代學生

1. 希望被他人稱讚，是需要透過努力的。
2. 想一想我希望讓大人用大拇指對我，還是用中指對我。
3. 希望別人衷心的稱讚，我就需要在各方面加強。
4. 我會告訴我自己，努力把自己份內的工作做完。
5. 給自己的青春歲月，留下一段可以讓人家學習的一頁。

不當一個被指指點點的孩子

1. 我希望在畢業多年後，可以在校園的一個溫馨角落，有我的美好紀錄。
2. 將來當爸爸（媽媽）後，帶孩子回母校，希望我的孩子可以驚喜的告訴我，爸爸這是你嗎？
3. 年輕只有一次，但紀錄是永遠的，給自己一個美好的紀錄。
4. 如果大人用中指指著我的次數很多，那麼我就遜斃了。
5. 所有黑道大哥回首來時路，對學生時期的表現都悔不當初。

人緣與成績一樣重要

成績是紙上分數，
人緣是別人
眼中的分數

人緣與成績的平衡

好人緣與好成績一樣重要。

人緣好消息就靈通，學習的成就感就大增。

成績好就有自信心，學習的能力就增加。

同時擁有好人緣與好成績容易遭人妒忌，但是不遭人妒者是庸才。

在人際與功課都失敗的狀況，很容易誤入歧途。

朋友是你人生的另外三分之一

1. 相信朋友，但是學習保護自己。

2. 總有不如意之事，但是好朋友會傾聽分享。

3. 鼓勵是好朋友最常用的話語，損人之語最好不要使用。

4. 好朋友會在你快跌倒時拉你一把。

5. 好朋友需要時間與事件的累積。

青春生活篇

　　美好的青春就是從這一刻開始，這時的你會開始變得害羞、冷靜和在意外表。這是成長過程的新頁，也是人生開始最美好的日子。男孩子會長高，女孩子會變美，但是只要外表就可以吃遍天下嗎？

　　不一樣的外表，要配合不一樣的行為，這一章將提供重要的內幕信息，給變帥變美的你參考。

在學校的轉角處等他（她）

溫馨的叮嚀

喜歡一個人可以光明正大看她，但是不可以讓對方感到困擾。

正當表達喜歡的方式

- 想辦法讓自己的良好表現，公布在學校最明顯的公布欄。
- 讓教師經常稱讚自己，是最高竿表達喜歡的方式，因為這些話會進入她的內心世界。
- 用自己的言行舉止，換取她欣賞的眼神。
- 當班上同學有需要我幫忙時，記得勇於幫助他人，因為這些行為她看在眼裡，欣賞在心裡。
- 學習成績不好，也可以用好行為換取她羨慕的眼光。

讓人厭煩的表達方式

1. 不斷地捉弄對方，企圖引起她的注意。

2. 讓自己成為師長心目中的頭痛學生。

3. 經常進出學校的訓導處挨罰。

4. 用連自己都不喜歡的方式對待同學。

5. 讓自己變得不可愛、眾人嫌、眾人煩。

可以出版的情書大全

可以練習寫情書，但避免因錯別字鬧成笑話。

START

學生時代的情書大全

- 很多名人學生時代都寫過情書。
- 練習寫情書對自己的文筆和作文有幫助。
- 情書高手是讓自己的情書內容，永遠都不會重複。
- 隨時提醒自己，情書的文字要端莊亮麗，內容不要有錯別字。
- 如果時間允許的話，可以到圖書館借一本世界名人的書信閱讀。

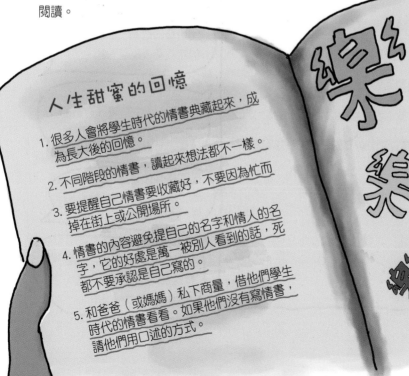

人生甜蜜的回憶

1. 很多人會將學生時代的情書典藏起來，成為長大後的回憶。
2. 不同階段的情書，讀起來想法都不一樣。
3. 要提醒自己情書要收藏好，不要因為忙而掉在街上或公開場所。
4. 情書的內容避免提自己的名字和情人的名字，它的好處是萬一被別人看到的話，死都不要承認是自己寫的。
5. 和爸爸（或媽媽）私下商量，借他們學生時代的情書看看。如果他們沒有寫情書，請他們用口述的方式。

樂樂樂

遊走在友誼和愛情的界線中

不該做而做是豬，該做不做也是豬。

對愛情表現的提醒

對友誼表現的看法

1. 友誼的表現是最安全的行為。

2. 自己喜歡的東西分享對方。

3. 想要讓對方高興、開心、快樂。

4. 必要的時候會出面為對方解圍。

5. 當對方出糗時想要替對方說幾句話。

自認為是愛情的表現行為，通常都會讓自己陷入困境。

別自私的以為，自己對愛的定義和表現是對的。

如果生活中充滿了對方的影子，那是非常危險的。

在不適當的時期，做了不適當的事，就是一種愚蠢的行為。

學校師長會告訴我，喜歡異性該如何處理的好方法，這些方法我都可以運用。

看我七十二變

現在的你是最年輕的你，却不一定是最有魅力的你

給年輕的你

- ☑ 追求流行不是壞事，但要看看自己適不適合。
- ☑ 流行語言是屌事，但是說得太多會太瞎。
- ☑ 網路流行的事，不一定合乎實際。
- ☑ 現在長得帥，不代表以後可以靠外表吃飯。
- ☑ 現在是醜小鴨，不代表以後打扮起來就不是白雪公主。

從年輕變為魅力的方法

1. 追求流行也追求成績。
2. 會說流言語言也會多國語言。
3. 會玩網路遊戲，也拿到多種電腦證照。
4. 長得帥也要書讀得好，才能表裡如一。
5. 長得要美也要合宜禮儀，才能成為金玉其外，涵養其內。

甜蜜愛情篇

　　戀愛不是病，愛起來要人命。愛情是一種可以讓男人變帥、讓女人變美的春藥；愛情也是一種可以讓男人瘋狂、讓女人失心的病症。愛情也是男人讓女人變美的動力、女人讓男人工作的趨力。愛情就是一種無法言語的魔力，吸引著天下男男女女奔向戀愛的漩渦裡。

　　有人說，人生一定要在十八歲的日子裡談一場戀愛，因為十八歲永遠不會再回來，而純純的戀情一旦錯過了，就再也回不來了。那麼年輕的你到底可不可以談戀愛？這一章將要深度的剖析，到底年輕的你，該怎麼面對愛情。

知己知彼百戰百勝

知己為成熟的個性

1. 你的身分，是學生不是老婆。
2. 你的身分，是同學不是情人。
3. 你的身分，是女兒不是妻子。
4. 你的身分，是考生不是未婚者。
5. 你和他之間雖然是友情已滿，但要記住愛情未足。

這階段的你，讀書是主菜，戀愛是配菜。

知彼為識人要清

1. 他長得帥，不代表能當飯吃。
2. 他口才好，不代表他賺錢多。
3. 他好個性，不代表你有危險時他會挺身而出。
4. 他孝順父母，不代表你不會被拋棄。
5. 他壞脾氣，你一定要敬而遠之。

他愛我還是不愛我

他愛不愛你不重要，重要是你要愛你自己。

正確的感情觀

1. 愛情不是你人生的唯一。
2. 性關係不是愛的表現。
3. 在愛情中劈腿是不正常的愛情。
4. 為愛犧牲的人並不偉大。
5. 付出的感情雖然失敗，不代表你是傻瓜。

與異性相處之道

1. 愛我不要欺負我，請學習兩性相處。
2. 愛我不要嘲笑我，請尊重兩性關係。
3. 愛我請你保護我，請節制兩性行為。
4. 愛我請等我長大，請等待彼此成熟。
5. 愛我請等你長大，請等待時機到來。

約會也要耍心機

小心能駛萬年船，不要因為過度期待而造成傷害。

男生女生大不同

1. 男生的成就在口袋，女生的成就在腦袋。

2. 男生需要你的感謝，女生需要你的傾聽。

3. 男生喜歡炫耀自己，女生喜歡被人讚美。

4. 男生喜歡自己解決問題，女生喜歡一同解決問題。

5. 男生喜歡被需要，女生喜歡依賴。

約會的安全守則

正確的穿著，過度性感會招到側目。

正確的告知，至少讓別人知道你的行蹤。

正確的時間，白天好過晚上，晚上好過深夜。

正確的地點，人多的地方才安全。

正確的收禮，天下沒有白吃的午餐，太貴重的禮還是別收的好。

失戀分手篇

　　幻滅是成長的開始。想要談戀愛，又怕受傷害。在愛情中受到傷害的大有人在，有些人可以輕而易舉的把這些難題熬過去，有些人則無法在愛情海中找到可以救生的浮木，進而決定放棄海海人生，選擇自我傷害。失戀是人生必經之路，不要害怕，要勇敢的站起來，面對問題。因為，下一位戀人永遠會更好。

失戀是一門必修的學分

失戀和談戀愛一樣可以載舟，亦可以覆舟。

從情人變成朋友

- 我們還是朋友？百分之八十的人，無法和舊愛成為朋友。
- 我可以和你的她成為好朋友？百分之八十的人，一定會傷害搶他戀人的人。
- 我還想打電話給你？百分之八十的人，會想挽回，但失敗居多。
- 我在等你？百分之八十的人，會等待，但只要有新目標，馬上忘了你。
- 舊愛還是最美嗎？百分之八十的人，會對舊愛口出惡言。

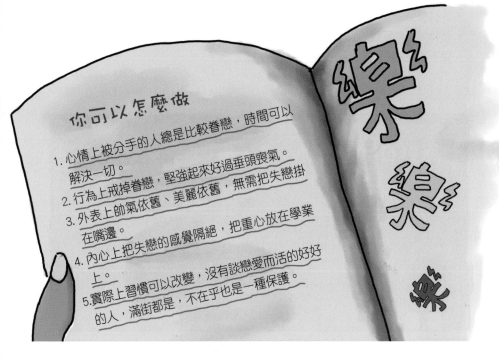

你可以怎麼做

1. 心情上被分手的人總是比較眷戀，時間可以解決一切。
2. 行為上戒掉眷戀，堅強起來好過垂頭喪氣。
3. 外表上帥氣依舊、美麗依舊，無需把失戀掛在嘴邊。
4. 內心上把失戀的感覺隔絕，把重心放在學業上。
5. 實際上習慣可以改變，沒有談戀愛而活的好好的人，滿街都是，不在乎也是一種保護。

樂樂樂

送你一桶汽油和一枝火柴

溫馨的叮嚀

危險情人有危險心靈，視而不見
是把自己丟入火坑。

面對分手危機的處理方法

- 保持時間的距離，決定分手看時機，儘量不要在考試前或情人節。
- 保持關係的距離，適度的改變，對方會感受到你的心情。
- 保持警覺的距離，發現不對勁，立刻尋求支援，避免愛不到毀了妳。
- 保持冷淡的距離，火上加油的策略是為憤恨的心情多添柴薪，沒有好處。
- 讓距離成為距離，保持安全距離才有緩衝餘地。

面對自我報復的心理

1. 失戀第一期，不認輸的心理。

2. 失戀第二期，不承認的心理。

3. 失戀第三期，面對現實的心理。

4. 失戀第四期，積極生活的心理。

5. 失戀最末期，幸福是最好的報復。

失戀是成功戀愛的開始

← 成功　　　失敗 →

失戀不是壞事，可以從中學習

難熬的分手時間方法

> 妳需要好好哭一場。
> 妳需要給自己時間。
> 妳需要準備談談。
> 妳需要記取教訓。
> 妳需要重拾信心。

不就是不，沒有第二種選擇。

不喜歡還是朋友，但要保持距離。

如何回拒不喜歡的追求

父母是你最好的擋劍牌。

安全的拒絕，善用白色情人節這種明顯不過的時機，好好的說清楚講明白。

天下沒有白吃的午餐，貪小便宜的心理，沒有好下場。

時間可以解決一切

沒有渡不過的關口，
沒有走不過的路。

分手時需要的能力

- 分手需要狠心，才能該斷就斷，不會剪不斷、理還亂。
- 分手需要勇氣，才能接受自己在戀情中失敗的感覺。
- 分手需要時間，時間是失戀者最好的朋友。
- 分手需要理智，想清楚才不會因失戀而失志。
- 分手需要忍耐，冬過春必來，能夠忍住失戀一切的苦，是另一種心靈成長的開始。

如何度過失戀的過程

1. 靜下心來好好哭一場。

2. 拿出筆紙，寫下自己失戀的心情。

3. 跟父母親或是朋友好好談談。

4. 把重心放在讀書上。

5. 千萬不可以放棄自己，因為下一位戀人永遠會更好。

亞當夏娃篇

戀愛不是罪，愛起來像犯罪。想談戀愛是天經地義的事情，可是只要自己有了愛的念頭，或是外表已經可以談戀愛了，父母親就會像是FBI每天找尋自己可能喜歡的對象，是電話那頭的阿美，還是MSN上化名的大胖。再不然就是學習CSI犯罪現場，天天在自己的房間裡找尋微物跡證，看看房間裡是不是有了不該有的垃圾，像類似保險套的外包裝或是談情說愛的小紙條。只要有蛛絲馬

跡，父母親就要來個抽絲剝繭大考問，看看自己有沒有說謊。

與其要天天和父母親玩捉迷藏，不如好好學習兩性關係，別失了戀還被父母親落井下石，賠了夫人又折兵，得不償失。

保守為你提高身價

溫馨的叮嚀

談戀愛可以載舟，亦可以覆舟。

提高自身條件的方法

- 外在條件，外表是天生，需要後天的禮貌來相配合。
- 內在條件，讀書靠自己，需要努力和毅力。
- 認清自己，不追求自卑或自傲，而是清楚自己的優點和缺點。
- 認清對方，第一次約會就上床的人，會被別人看輕，你自己也會後悔。
- 門當戶對，和你相當程度的人，好溝通少衝突，可以和你一同成長。

保守為你提高身價的方法

1. 晚一點談戀愛，不會讓你人生遺憾。
2. 追求學業與成績的高度成就，會讓你變得有吸引力。
3. 適度的比較，可以激發你向上的決心，過度的比較會讓你挫折感大增。
4. 在身上留下證據只證明自己的愚昧，永遠也抹不掉的證明。
5. 簡單的愛情，好過於複雜的三角戀情或騎驢找馬。

他可以不當爸爸，妳一定會當媽媽

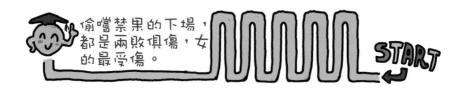

偷嚐禁果的下場，都是兩敗俱傷，女的最受傷。

START

親密行為的安全守則

- 當你決定要有親密行為時，請把這句話隨身帶著「他可以不當爸爸，妳一定會當媽媽。」
- 一壘手牽手，牽手不會讓妳懷孕，但會讓妳被指指點點。
- 二壘口對口，接吻不會讓妳懷孕，但會讓妳意亂情迷，壞了學業成就。
- 三壘摸一摸，愛撫不會讓妳懷孕，但會讓妳失去理智。
- 四壘進洞口，性交會讓妳懷孕，更會讓妳陷入危機。

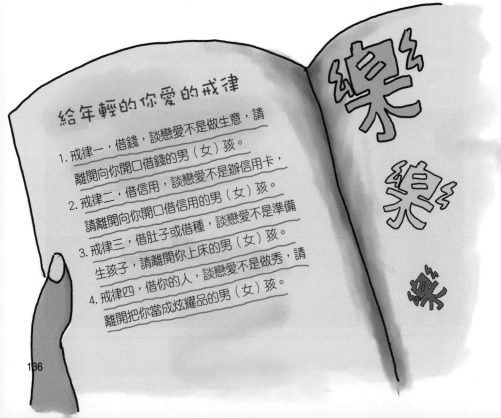

給年輕的你愛的戒律

1. 戒律一，借錢，談戀愛不是做生意，請離開向你開口借錢的男（女）孩。
2. 戒律二，借信用，談戀愛不是辦信用卡，請離開向你開口借信用的男（女）孩。
3. 戒律三，借肚子或借種，談戀愛不是準備生孩子，請離開要你上床的男（女）孩。
4. 戒律四，借你的人，談戀愛不是做秀，請離開把你當成炫耀品的男（女）孩。

樂樂樂樂

男怕入錯行，女怕嫁錯郎

富在深山有遠親，貧在鬧市無近鄰。

麵包與愛情都要努力

戀愛也要靠經驗

1. 不聽老人言吃虧在眼前，父母親的觀點你不一定接受，但值得你借鏡。

2. 失敗為成功之母，反省才能把失敗的價值提升。

3. 婚前睜大眼，婚後閉隻眼，嫌貨人才是識貨人。

4. 面對選擇不對的現實，知錯能改，錯才有價值。

5. 愛是有忍受的範圍，暴力或壞習性，交往時就要看清。

結婚不是愛情的墳墓，初戀也不是你人生的全部。

貧賤夫妻百事哀，要記住錢不是萬能，沒有錢萬萬不能。

柴米油鹽醬醋茶，生活就是在平凡中找到不平凡的人生。

擁有共同的興趣，感情才能長長久久。

不離不棄才能共同完成幸福美滿的感情。

升學專篇

升學是每一位高中職學生，都必須面對的課題，透過升學可以讓自己的知識更為豐富，透過升學可以提高自己的地位，透過升學可以讓自己的生活品質更佳。不管是高中或

高職學生，升學是改變自己的最佳管道。掌握升學對未來的改變，對自己的成長才會有積極的幫助。在升學專篇中，以如何準備考大學、四技二專怎麼準備、讓數字說話、滿分準備法、考試前一週、當天注意事項、結束後的日子等，提供過來人的經驗，讓面對未來的你可以無憂無慮，度過每一個考試的日子。

如何準備考大學

準備考試的要領

- 怨天尤人只會在失敗之後更加傷感。
- 考試成績好壞掌握在自己的手裡。
- 將重要的考試列入生涯規劃的一環。
- 要記得隨時充實自己的能力。
- 瞭解自己有多少的實力最重要。

考大學只需要二到三天的時間，但是卻影響你的一生。

積極準備考試的要領

1. 告訴自己我一定可以辦得到。
2. 讓親朋好友跌破眼鏡可以提高眼鏡行的生意。
3. 有系統的讀書、有計畫的準備、有決心的閱讀，才會有勝算的準備。
4. 高分永遠會和有恆心的人為鄰。
5. 給自己一個努力的計畫和改變的決心。

四技二專怎麼準備

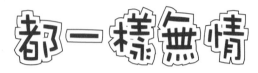

任何的考試形式都不同，但是結果

都一樣無情

高職生的春天

- 在現行體制中，高職生比一般高中生有更多的選擇。
- 高職生可以選擇就業也可以選擇升學。
- 高職生的特色在於「一技在手、希望無窮」。
- 要別人看得起自己，最好的方法就是先看重自己。
- 切記技能的高超是建立在知識基礎之上的道理。

四技二專的考試訣竅

1. 將歷年的考古題蒐集齊全。
2. 熟讀歷年的考古題。
3. 將歷年的考古題作實際情境的反覆練習。
4. 將歷年考古題標示在教科書中。
5. 將教科書中的歷年考古題熟讀。

讓數字說話

分數對每個人都一樣友善，也都一樣無情。

數字的意義

- 想要擁有優先權，分數就要高於他人。
- 想要擁有選擇權，分數就要優於他人。
- 想要擁有決定權，分數就要勝過他人。
- 數字在考試分數中，更顯得出它的意義。
- 太小看分數的人，是永遠不會成功的。

讓數字說話

1. 數字對學生而言是最無情的告密者。
2. 數字會洩漏關在書房內的你努力的情形。
3. 數字會透露出你在學校學習的狀況。
4. 數字會說出你在生涯中積極的程度。
5. 數字會顯現出和你交往的異性未來的下場。

滿分準備法

任何考試的滿分都是一分一分累積的結果。

拿滿分的錦囊

1. 不要錯過任何的分數。

2. 考試前要有充分的準備。

3. 針對困難題目作反覆的練習。

4. 為自己的考試出一份及困難的題目並且熟練它。

5. 將考古題放在書房最明顯的地方。

高手的滿分法

1. 先拿有把握的分數，再湊沒有把握的分數。

2. 將歷年考古題作反覆的練習。

3. 記不起來的概念要記得多寫幾遍。

4. 學習班上拿滿分同學讀書的方法。

5. 將每次的考試卷錯誤的地方標示出來，並且在空白處抄寫幾遍。

考試前一週

 成功 失敗

大意失荊州通常是在考試前一週

考前的
座右銘

> 將考試當天要用的東西準備好。
> 準備考試用的學用品至少三套。
> 文具用品要準備已經用過1/3者（避免用新的）。
> 筆要準備自己平日最喜歡用的品牌。
> 修正用品要準備最簡單而且方便的品牌。

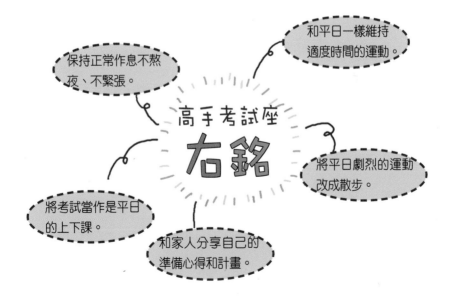

和平日一樣維持
適度時間的運動。

保持正常作息不熬
夜、不緊張。

高手考試座
右銘

將平日劇烈的運動
改成散步。

將考試當作是平日
的上下課。

和家人分享自己的
準備心得和計畫。

考試當天注意事項

溫馨的叮嚀

避免因為細節小事延誤重要的大事。

赴考場座右銘

- 考試前一天先到考場瞭解熟悉環境。
- 弄清楚自己的座位在哪裡。
- 如果可以的話先進考場試坐自己的座位。
- 准考證和相關的證件要和考試用具放在一起。
- 將准考證別在考試當天要穿的衣服正面，並且將當天要穿的衣服放在固定的地方。
- 所有的考試用具都要先試試看並保持在最佳狀態（例如水彩用品要先拆封試用）。

考試中的訣竅

1. 將行動電話、電子用品、電子錶交給陪考的家人（或朋友師長）。
2. 看清楚准考證號碼和自己的考卷號碼。
3. 讀清楚考試題目要你作什麼。
4. 先將考試卷大略看一遍，瞭解有多少題目。
5. 清楚、快速、準確作答並且仔細校正。
6. 絕不可以提早交卷。

結束後的日子

成功與否往往決定在成績公布前的一刻。

高手考試後的計畫

考試結束後

1. 考試結束後可以放鬆，但是不可以過度放縱。

2. 考試結束後是意外事件發生頻率最高的時刻。

3. 給自己一個有規劃的休閒計畫。

4. 將准考證和相關的證件妥善保管。

5. 利用時間將自己的書籍和參考書整理好。

將平時因為考試壓力沒有作的家務事完成。

如果你習慣在亂的環境中讀書，考試後就要想辦法將環境整理好。

有好的心情、好的計畫、好的作息，才會有好的成績。

和家人商量成績揭曉前的休閒計畫，並經過他們的同意和認證。

儘快恢復平日的作息。

筆記欄 

筆記欄 ...

高中職

筆記欄 ⋯ ⋯

高中職

筆記欄 ... ○ ○ ○

高中職

筆記欄 ... ○ ○

高中職

國家圖書館出版品預行編目資料

寫給高中職學生的第一本書／林進材等
著.-- 1版--.--臺北市：五南,2009.06
　面；　公分.
ISBN 978-957-11-5657-6（平裝）
1.高中職　2.學生生活　3.生活指導
528.87　　　　　　　　　　98008828

1ZF1

寫給高中職學生的第一本書

作　　者 ― 林進材(134.1)　林香河

發 行 人 ― 楊榮川

總 編 輯 ― 龐君豪

主　　編 ― 陳念祖

責任編輯 ― 李敏華

封面設計 ― 魏　巍

出 版 者 ― 五南圖書出版股份有限公司

地　　址：106台北市大安區和平東路二段339號4樓

電　　話：(02)2705-5066　傳　　真：(02)2706-6100

網　　址：http://www.wunan.com.tw

電子郵件：wunan@wunan.com.tw

劃撥帳號：01068953

戶　　名：五南圖書出版股份有限公司

台中市駐區辦公室/台中市中區中山路6號

電　　話：(04)2223-0891　傳　　真：(04)2223-3549

高雄市駐區辦公室/高雄市新興區中山一路290號

電　　話：(07)2358-702　傳　　真：(07)2350-236

法律顧問　元貞聯合法律事務所　張澤平律師

出版日期　2009年 6 月初版一刷
　　　　　2009年 9 月初版三刷

定　　價　新臺幣150元